Mosaik
bei GOLDMANN

Lynda Madaras
Area Madaras

Mädchen, Mädchen

Was passiert mit mir und meinem Körper

Für Eltern und Töchter

Aus dem Amerikanischen von Ute Korte

Mosaik
bei GOLDMANN

Umwelthinweis:
Alle bedruckten Materialien dieses Taschenbuches
sind chlorfrei und umweltschonend.

Deutsche Erstausgabe April 2003
© 2003 der deutschsprachigen Ausgabe
Wilhelm Goldmann Verlag, München,
ein Unternehmen der Verlagsgruppe Random House GmbH
© 1993, 2000 by Lynda Madaras and Area Madaras
Published by Arrangement Newmarket Press
Originaltitel: The What's Happening To My Body? Book For Girls
Originalverlag: Newmarket Press, New York
Dieses Werk wurde vermittelt durch
die Literarische Agentur Thomas Schlück GmbH, 30827 Garbsen
Umschlaggestaltung: Design Team München
unter Verwendung eines Fotos von Zefa/Peis
Zeichnungen von Simon Sullivan und Jackie Aher
Redaktion: Christine Pfützner
Satz: Barbara Rabus, Sonthofen
Druck: GGP Media, Pößneck
Verlagsnummer: 16510
Kö · Herstellung: Max Widmaier
Printed in Germany
ISBN 3-442-16510-5
www.goldmann-verlag.de

1 3 5 7 9 10 8 6 4 2

In Erinnerung an
Yvonne Pinto
1968–1999

Inhalt

Vorwort

Die Pubertät ist nicht nur für Jugendliche, sondern auch für ihre Eltern eine aufregende und zugleich schwierige Zeit. Dieser Ratgeber von Lynda Madaras bietet konkrete altersgerechte Informationen zu allen Bereichen rund um die Pubertät – von den körperlichen Veränderungen und den seelischen Turbulenzen bis zu Themen wie sexueller Missbrauch oder Magersucht (Bulimie). Er informiert junge Mädchen nicht nur über alles, was sie wissen sollten, sondern kann auch zur Kommunikationshilfe zwischen Jugendlichen und Eltern werden. Denn obwohl sexuelle Themen in unserer Kultur längst allgegenwärtig sind, ergeben sich mitunter immer noch Konflikte im Gespräch über Pubertät und Sexualität mit den eigenen Kindern, insbesondere wenn man berücksichtigt, dass die Pubertät bei Mädchen heute eher beginnt als je zuvor.

Auch Eltern werden von diesem Ratgeber profitieren, in dem verschiedene Möglichkeiten aufgezeigt werden, wie man mit dem eigenen Kind ins Gespräch über die Pubertät kommen kann. Den Mädchen wird die direkte Art gefallen, mit der die unterschiedlichsten Themen rund um die Pubertät besprochen werden, und ebenso die sachliche Darstellung der männlichen und weiblichen Entwicklung. Die zahlreichen Fragen von Gleichaltrigen und die Antworten der Autorinnen tragen außerdem dazu bei, dass sich jedes Mädchen persönlich von diesem Ratgeber angesprochen fühlen kann.

Darüber hinaus ist dieses Buch wichtig im Hinblick auf die vielen verschiedenen Aussagen zur Sexualität in unserer Kultur und die Häufigkeit und das Risiko von sexuell übertragbaren Krankheiten. Und sachlich richtige Informationen zu diesen Themen sind in der heutigen Zeit für Kinder und Jugendliche umso notwendiger, als der Schutz durch die Gesellschaft heute viel weniger gegeben ist als früher.

Marcia E. Herman-Giddens, PA, Dr. PH

Professorin am Institut für allgemeine Gesundheit,
University of North Carolina, Chapel Hill

Einleitung für Eltern

Warum ich dieses Buch geschrieben habe

Es geschah an einem dieser herrlichen Sommertage, an denen die Hitze so intensiv ist, dass man den Duft der Blumen und Gräser in der Luft förmlich schmecken kann. Meine achtjährige Tochter und ich gingen gerade langsam durch einen kleinen Wald in der Nähe unseres Hauses, als plötzlich einer dieser wunderbaren Momente entstand, wie sie manchmal zwischen Müttern und Töchtern entstehen. Vorbei waren die Jahre des Windelwechselns, der schwierigen Kinderbetreuung, der hektischen Balance zwischen Beruf und Haushalt, des täglichen Meckerns über unaufgeräumte Kinderzimmer oder Haustiere, die gefüttert werden müssen. All die lästigen Konflikte und Streitigkeiten schienen sich plötzlich aufzulösen und zurück blieben nur wir beide – zwei Menschen, die sich nah waren und miteinander verbunden fühlten.

Wir hielten an, um uns auf einem Felsen zu sonnen, als meine Tochter plötzlich etwas verlegen meinte, dass da neue Haare an ihrem Körper wachsen würden. »Da unten«, sagte sie und zeigte mit dem Finger darauf.

Ich war sehr stolz, als ich sie beobachtete, während sie über die Felsen kletterte – wie ein junges Fohlen, langbeinig, elegant und sehr schön – und bewunderte ihre Sicherheit und Leichtigkeit. Ihre Entwicklung zur Frau würde viel problemloser sein als meine eigene oft komplizierte Pubertät. Ich war auch stolz auf unsere Beziehung und dass meine Tochter mir vertraute, denn ich hätte damals nicht im Entferntesten daran gedacht, meiner

Mutter zu erzählen, dass ich die ersten Schamhaare entdeckt hatte. Das war ein Thema von vielen, über das wir nie hätten sprechen können, und ich war froh, dass es zwischen meiner Tochter und mir anders sein würde.

An diesem Tag sprachen wir nicht mehr viel über ihre Entdeckung, und es vergingen Wochen und Monate, ohne dass das Thema nochmals erwähnt wurde, aber unsere Beziehung blieb eng und vertraut.

»Genieß die Zeit, solange du kannst«, rieten mir meine Freundinnen, die schon ältere Töchter hatten, »denn wenn sie erst einmal in die Pubertät kommt, ist das alles vorbei. Dann werden sie zickig, und man kann einfach nicht mehr mit ihnen reden.« Ich hörte ruhig und zufrieden zu, denn das Stereotyp kannte ich schon: die wortkarge, schmollende Tochter und die nörgelnde, garstige Mutter, die nicht miteinander reden können – aber bei uns beiden würde das alles ganz anders sein.

Meine Tochter muss neun oder zehn gewesen sein, als es langsam anfing – ihr Eintritt in die Welt der komplizierten Spielplatzpolitik und der grausamen Spiele, die junge Mädchen miteinander spielen. Sie kam damals weinend aus der Schule, denn ihre frühere beste Freundin war plötzlich die engste Verbündete eines anderen Mädchens, sie wurde aus einer gemeinsamen Übernachtung mit Freundinnnen ausgeschlossen oder zum Opfer irgendeines anderen gemeinen Angriffs einer Schulfreundin. Sie hörte gar nicht mehr auf zu weinen, und ich wusste zunächst gar nicht, was ich sagen sollte.

»Na ja, wenn die so sind, dann such dir doch andere Freundinnen zum Spielen«, schlug ich schließlich vor, aber die Tränen flossen weiter. Und allmählich geschahen diese Dinge immer öfter – zuerst etwa einmal pro Woche, dann zweimal, und so ging es Monat für Monat weiter. Doch schließlich merkte ich, dass sie, sobald ihre Tränen getrocknet waren, am Telefon genauso boshaft über eine andere Freundin lästern und neue Freundschaften einfädeln oder verhindern konnte, indem sie dieses Mädchen ausschloss, wie es ihr selbst ergangen war. Ich war empört und wollte sie auf die Widersprüchlichkeit ihres Verhaltens hinweisen.

»Du verstehst überhaupt nichts«, rief sie und rannte Türen knallend in ihr Zimmer.

Sie hatte Recht. Ich verstand nicht. Ab und zu unterhielt ich mich mit anderen Müttern, und allen ging es ähnlich. Warum verhielten sich unsere Kinder so? Niemand von uns hatte eine Antwort.

»Mädchen sind halt Mädchen«, philosophierte eine Mutter seufzend. »So sind sie eben, und wir waren auch nicht anders.«

Ich ging in meinem Gedächtnis um viele Jahre zurück und versuchte mich zu erinnern. Waren wir damals wirklich so schrecklich gewesen? Da fielen mir plötzlich »Die Puderdosen« wieder ein, ein Club, zu dem meine Freundinnen und ich gehört hatten. Im Gegensatz zu den Pfadfindern und anderen, von den Erwachsenen wohlwollend beäugten Gruppen, die sich regelmäßig nachmittags trafen, hatten »Die Puderdosen« keine festen Zeiten und auch keine besonderen Aktivitäten, aber das hieß nicht, dass unser Club kein Ziel verfolgte. Es gab ein Ziel. Die Mitgliederausweise, die so schön offiziell aussahen, weil der Vater eines Mädchens sie in seiner Druckerei gedruckt hatte und die wir in Plastikhüllen in unseren gleich aussehenden Brieftaschen mit uns herumtrugen, bescheinigten uns, dass wir die Mitglieder einer sehr wichtigen Gruppe waren. Als ob das nicht schon genügend Identifizierung gewesen wäre, traten wir auch noch als unzertrennliche Gruppe auf, aßen unser Pausenbrot grundsätzlich in unserer speziellen Ecke des Schulhofs, saßen bei Schulversammlungen stets kichernd zusammen, schrieben die Namen der anderen Mitglieder auf den Stoff unserer abgenutzten Tennisschuhe, trugen identische Frisuren und die gleichen Klamotten und machten den anderen Mädchen, die nicht Mitglied in unserem Club waren, das Leben schwer.

Heute, etwa zwanzig Jahre später, kann ich mich an die Namen und Gesichter der anderen Clubmitglieder nur noch ganz schwach erinnern. Aber ein Mädchen ist mir so lebhaft im Gedächtnis geblieben, dass ich die Sommersprossen in ihrem Gesicht noch fast zählen kann. Sie hieß Pamela und war nicht Mitglied im Club, obwohl sie es unbedingt sein wollte – sie war sogar so wild darauf, dass sie mir immer wieder Briefchen schrieb, die sie in mein Pult legte:

Liebe Lynda,
bitte, bitte, lass mich doch Mitglied bei den Puderdosen werden.
Wenn du mich lässt, dann lassen mich die andern auch. Bitte!!!
Bitte!! Bitte!!   *Pam*

Diese Zettel waren mir entsetzlich peinlich, und natürlich verdammten sie Pamela auf immer und ewig zum Außenseiter. Ich habe vergessen, wie es ihr später ergangen ist, aber ich weiß, dass sie niemals Mitglied unserer Gruppe wurde und dass wir ihr das Leben noch schwerer gemacht haben, indem wir sie schnitten, hinter ihrem Rücken flüsterten und all die üblichen Spielchen von Teenagern nutzten, um sie »fertig zu machen«. Heute frage ich mich, ob es für Pamela in irgendeiner Weise ein Trost gewesen wäre, wenn sie gewusst hätte, dass mich ein Jahr später, als ich mit meiner Familie umzog, genau das gleiche Schicksal ereilte. In der verwundbaren Stellung als »Neue« wurde ich wie sie zur perfekten Zielscheibe, wenn ich mittags in den Schulbus stieg und so tat, als ob ich nichts von den Sticheleien und dem Geflüstere hörte, das mich tagtäglich begleitete, während ich mir einen Sitzplatz suchte.

Aber was mich wirklich erschreckte, ist die Tatsache, dass ich nicht grausamer war als die anderen Mädchen in diesem Alter. Ich sprach auch mit anderen Frauen über ihre Beziehungen zu ihren Freundinnen während dieser Jahre und hörte immer wieder ähnliche Geschichten. Wenn wir uns an unsere Teenagerzeit erinnerten, war es bei allen dasselbe: Jede hatte ihre beste Freundin, mit der sie unzertrennlich war, der sie die tiefsten Geheimnisse erzählte und der sie ewige Freundschaft schwor. Daneben gab es aber auch noch weitere Gruppierungen: die anderen Mädchen, die alle ihre Rolle hatten – Anführerin, Mitläuferin oder Opfer –, und obwohl sich die Rollenverteilungen gelegentlich änderten, blieben die Rollen immer gleich. Auch die Spiele, die wir miteinander spielten, verliefen nach einem bestimmten Muster und waren nicht besonders schön, wobei Ausschließen die grundlegende Taktik war. Dafür wurde ein bestimmtes Mädchen – das klügste, hübscheste, hässlichste, dümmste oder das körperlich am weitesten entwickelte – zum Opfer auserkoren und in der Folge von der Gruppe ausgeschlossen und geächtet.

Aber vielleicht noch wichtiger war eine noch persönlichere Form dieses Ausschlussspiels: Der Verrat durch die beste Freundin. In diesem Fall stand die Freundin, mit der man bis dahin unzertrennlich gewesen war, plötzlich nicht mehr für gemeinsame Aktivitäten nach der Schule zur Verfügung, sondern verbrachte ihre freie Zeit plötzlich mit ihrer neuen besten Freundin. Dann fühlte man sich verlassen und vernichtet, das Herz war gebrochen, und man weinte sich die Augen aus.

Bei den Jungen war es ganz anders, denn sie verschwendeten ihre Energie nicht mit Psychodramen. Bei ihnen gab es zwar auch Gruppen oder Teams, den besten Freund und die Außenseiter, meist die eher unsportlichen, ruhigen und sanfteren Jungen, aber in ihren Beziehungen untereinander herrschten bei weitem nicht die gleiche Intensität und die kleinlichen Intrigen, die für die Beziehungen zwischen Mädchen in diesem Alter anscheinend so typisch sind.

Vielleicht, so dachte ich, hatte die Mutter mit ihrem »Mädchen sind halt so« doch Recht. Wir hatten uns ja alle so verhalten, und jetzt spielten unsere Töchter die gleichen Spiele nach den gleichen Regeln wie wir. Vielleicht gehörte das ja einfach zu unserer Natur, aber diese Vorstellung gefiel mir überhaupt nicht. Hinzu kam noch, dass es inzwischen immer mehr Spannungen zwischen meiner Tochter und mir gab. Sie war schrecklich launisch geworden, und ich hatte den Eindruck, dass sie sich ständig über mich ärgerte, wie auch ich mich oft über sie ärgerte. Natürlich hatten wir uns auch früher schon immer mal wieder gestritten, aber jetzt hörten die Streitereien, von denen die meisten ungewöhnlich lautstark verliefen, überhaupt nicht mehr auf, und bald herrschte eine ständige Spannung zwischen uns.

All das störte mich sehr. Aber was mich noch mehr irritierte, war die veränderte Einstellung meiner Tochter ihrem eigenen Körper gegenüber. Im Gegensatz zu dem etwas verlegenen Staunen, mit dem sie ihre ersten Schamhaare an sich entdeckt hatte, herrschte jetzt blankes Entsetzen angesichts der Vorstellung, dass sie bald einen Busen und ihre erste Periode bekommen sollte. Und wie die meisten »modernen« Mütter wollte auch ich, dass der Übergang vom Kind zur Frau für meine Tochter eine problemlose, vielleicht sogar freudige Zeit sein sollte. Ich hatte die Absicht gehabt, sie ganz offen und direkt mit allen notwendigen Informationen zu versorgen. Dadurch konnten, so hatte ich überlegt, alle Probleme von vornherein vermieden werden. Aber da war jetzt meine Tochter, die mir mitteilte, dass sie weder einen

Busen noch eine erste Periode haben wolle, und als ich sie fragte, warum nicht, war die einzige Antwort, »Weil ich eben nicht
will«. Doch als ich erwiderte, »Aber es ist doch etwas sehr Schönes, erwachsen zu werden«, klang das selbst in meinen eigenen
Ohren etwas hohl.

Irgendetwas stimmte nicht. Ich hatte gedacht, ihr alle mir zur
Verfügung stehenden Informationen gegeben zu haben, und zwar
auf eine sehr gründliche und moderne Weise. Aber das geplante
Ergebnis, nämlich eine gesunde und positive Haltung ihrem eigenen Körper gegenüber, hatte ich damit nicht erreicht.

Ich dachte lange über diesen Umstand nach, und schließlich
wurde mir bewusst, dass ich meine Tochter wohl doch nicht ausreichend aufgeklärt hatte. Obwohl sie sich erstaunlich gut mit
den kleinsten Einzelheiten auskannte – von der Eizelle über Spermien, Schwangerschaft und Geburt bis hin zu den körperlichen
und seelischen Aspekten des Geschlechtsverkehrs –, wusste sie
fast nichts über die Menstruation und all die anderen Veränderungen, die in den nächsten Jahren in ihrem Körper stattfinden
würden. Sie hatte zwar im Bad schon mal gesehen, wie ich einen
Tampon wechselte, und ich hatte ihr dazu ein paar knappe Erklärungen gegeben, aber ich hatte mich noch nie mit ihr hingesetzt und über dieses Thema gesprochen. Stattdessen hatte ich
ihr eine Reihe wunderbarer Kinderbücher geschenkt, in denen
Empfängnis, Geburt und Sexualität genau erklärt wurden, aber
nie eines über die Menstruation.

Also ging ich zielstrebig zur Bibliothek. Dort entdeckte ich,
dass es ein solches Buch nicht gab (was sich zum Glück inzwischen längst geändert hat). Es existierten zwar ein oder zwei Bücher für junge Mädchen, die das Thema kurz erwähnten, aber sie
waren hoffnungslos veraltet und der Ton, in dem sie geschrieben
waren, schien mir völlig falsch, denn hier hörte sich Menstruation

wie eine Krankheit an. Je mehr ich zu diesem Thema suchte und nachforschte, umso weniger überraschte es mich, dass es entsprechende Bücher nicht gab, denn im Lauf der Menschheitsgeschichte war die Menstruation in vielen verschiedenen Kulturen zu einem Tabuthema geworden, was sich in sehr unterschiedlichen Formen ausdrückte: Man durfte keine Mahlzeit zu sich nehmen, die eine menstruierende Frau zubereitet hatte, man durfte nichts anfassen, was sie berührt hatte, man durfte ihr nicht in die Augen schauen oder mit ihr schlafen. Und obwohl wir inzwischen längst nicht mehr daran glauben, dass der Blick einer menstruierenden Frau ein ganzes Getreidefeld zum Verdorren bringen kann, dass durch ihre Berührung das Brunnenwasser vergiftet wird oder dass Geschlechtsverkehr während der Tage zum Verlust des männlichen Glieds führt, ist das Tabu unterschwellig immer noch lebendig. Natürlich werden wir auch nicht in Menstruationshütten geschickt, wie es bei einigen frühgeschichtlichen Gesellschaften üblich war, aber – so argumentiert Nancy Friday in ihrem Buch »Wie meine Mutter« – die Abschaffung dieser Sitten bedeutet noch lange nicht, dass wir heute eine wesentlich aufgeklärtere und freiere Einstellung zur Menstruation haben. In ihrem Buch stellt sie die These auf, dass die jahrhundertelange Konditionierung bei uns zu einer so vollständigen Internalisierung des Menstruationstabus geführt hat, dass solch spezielle Menstruationshütten gar nicht nötig waren und auch sonst kein besonderer Aufwand betrieben werden musste, um das Erwähnen der Menstruation aus dem kollektiven Bewusstsein zu verbannen. Auch die Frauen tragen ihren Teil dazu bei, indem sie das Thema tunlichst vermeiden und benutzte Binden und Tampons sorgfältig in Toilettenpapier mumifizieren. Unser Schweigen ist so total, dass wir oft selbst gar nicht mehr wissen, dass wir es tun. »Aber natürlich habe ich meiner Tochter alles darüber erzählt«, sagt die Mutter. »Meine Mutter hat mir nie was gesagt«, sagt die Tochter.

Selbst wenn wir uns dieses Schweigens bewusst werden und beschließen, dass es höchste Zeit ist, diesen Zustand zu verändern, wirkt sich unsere kulturell bedingte Verlegenheit immer noch unmittelbar auf unser Leben aus: Da wir möchten, dass unsere Töchter eine positive Einstellung zu ihren natürlichen Körperfunktionen bekommen, besonders wenn wir es selbst anders erlebt haben, nehmen wir unseren ganzen Mut zusammen und üben uns vorsichtig darin, unseren Kindern gegenüber die richtigen Begriffe zu finden. Und da wir die feste Absicht haben, andere Worte als die unserer eigenen Mütter zu benutzen, verkünden wir unseren Töchtern: »Die Menstruation ist ein wunderbarer Teil unseres Frauseins, eine einzigartige Fähigkeit, auf die du stolz sein kannst.« Aber gleichzeitig findet noch etwas ganz anderes statt: Obwohl kein Mensch auf die Idee käme, die eigene Zahnbürste ganz hinten im Badezimmerschrank zu verstecken, findet man nur selten eine Schachtel mit Binden oder Tampons direkt neben dem Deo, der Zahnpastatube oder dem Haarspray – und damit strafen wir unsere eigenen Worte Lügen bzw. geben unseren Kindern widersprüchliche Signale. Wir sagen zwar, dass die Menstruation gut und wunderbar sei, aber durch unsere unbewussten Handlungen zeigen wir ihnen das genaue Gegenteil, und wie wir alle wissen, haben Handlungen eine weitaus größere Wirkung als Worte.

Die traurige Wahrheit ist, dass die meisten von uns ihren Kindern bei diesem Thema nur wenig Positives anbieten können, und dass viele erstaunlich wenig über die eigenen Körperfunktionen und den Monatszyklus wissen. Durch meine Forschungen lernte ich nun zwar eine Menge über den physiologischen Ablauf des weiblichen Zyklus und konnte jetzt wenigstens einer Zwölfjährigen eine zusammenhängende Erklärung geben, aber ich entdeckte auch, dass meine Einstellung im Hinblick auf die Menstruation eher negativ war, was ich mir bis dahin nie bewusst gemacht hatte. Diese Haltung änderte sich zwar ganz allmählich, aber ich war mir nicht sicher, was sich möglicherweise sonst noch alles in den dunklen Gängen meines Unterbewusstseins versteckte. Schließlich fiel mir die Lösung ein: Ich erklärte meiner Tochter, dass zu der Zeit, als ich selbst noch ein Teenager gewesen war, die Menstruation in der Regel noch als etwas angesehen wurde, über das man kaum sprach, und dass sich meine Einstellung inzwischen natürlich längst geändert hätte. Trotzdem seien einige der Gefühle, mit denen ich viele Jahre gelebt hatte, noch die alten und deshalb nur schwer abzuschütteln, ohne dass ich es selbst merkte. Das leuchtete meiner Tochter sofort ein, und von da an begannen wir, gemeinsam etwas über den weiblichen Körper zu lernen, anstatt uns hinzusetzen und »ein Gespräch zu führen«, so wie meine Mutter sich eines Tages mit mir hingesetzt hatte, um »ein Gespräch zu führen«. Im Nachhinein glaube ich zwar, dass sie mir die Dinge umfassend erklärt hat, aber alles, woran ich mich erinnern kann, ist, dass meine Mutter dabei schrecklich nervös war, viel über Babys und Blut sprach und mir zu verstehen gab, dass wenn »es« bei mir so weit wäre, ich die Binden in der untersten Schublade ihrer Kommode finden würde. Ich wunderte mich zwar, warum sie die Binden in der untersten Kommodenschublade versteckt hatte, aber damals schien es mir irgendwie nicht ratsam, sie danach zu fragen.

Ein einziges Gespräch war also offensichtlich nicht die Lösung, denn die Pubertät ist ein so kompliziertes Thema, dass es mit Sicherheit genug Stoff für viele Gespräche bot. Also beschloss ich, das Thema im Hinterkopf zu behalten und es immer mal wieder anzusprechen. Gleichzeitig wurde es immer natürlicher, weil ich jetzt selbst so viel Neues über den weiblichen Körper dazu lernte. In einem medizinischen Fachbuch etwa wurden die fünf Phasen des Brust- und Schamhaarwachstums in Abbildungen dargestellt. Ich las dieses Kapitel meiner Tochter vor und übersetzte ihr dabei die lateinischen Fachbegriffe, damit sie verstehen konnte, wann und wie diese Veränderungen stattfinden. Auf die gleiche Weise sprachen wir über alles, was ich über die Funktion des Monatszyklus lernte, und betrachteten zusammen die Bilder, oder wir studierten gemeinsam altes Werbematerial über Binden und lachten über die altmodischen Ansichten, mit denen ich noch aufgewachsen war.

Bei unserer Lektüre erfuhren wir auch, dass die meisten Mädchen ein oder zwei Jahre vor der ersten Periode den ersten Ausfluss bekommen. Ich hatte meiner Tochter versprochen, ihr bei ihrer ersten Periode meinen Opalring zu schenken, den sie dann später an ihre eigene Tochter weitergeben würde. Aber als sie dann ihren ersten Ausfluss entdeckte, fanden wir das beide so spannend, dass ich ihr den Ring gleich schenkte, und als sie dann schließlich ihre erste Periode bekam, erhielt sie noch einen passenden Ring dazu.

Die Zeit, die wir uns genommen hatten, um etwas über die Menstruation zu erfahren, zahlte sich nun aus. Meine Tochter hatte gelernt, die körperlichen Veränderungen an sich selbst als etwas Besonderes anzusehen, und schon allein wegen dieser viel positiveren Haltung ihrem eigenen Körper gegenüber hatten sich unsere Gespräche gelohnt. Aber es gab noch andere positive Veränderungen, denn wir hatten inzwischen wieder zu unserem alten entspannten Umgang zurückgefunden. Nicht, dass meine Tochter deshalb sofort ihr Zimmer aufzuräumen begann oder dass wir uns jetzt plötzlich nicht mehr stritten, aber unsere Streitereien gestalteten sich nun so, dass wir beide damit leben konnten, und wenn wir einen Konflikt hatten, ging es wirklich um die Dinge, die dabei angesprochen wurden. Die unterschwellige Spannung, die vorher selbst bei der geringsten Auseinandersetzung zu vulkanartigen Ausbrüchen geführt hatte, war plötzlich verschwunden.

Aber die vielleicht erstaunlichste Veränderung war das veränderte Verhalten meiner Tochter gegenüber ihren Freundinnen. In »Wie meine Mutter« sagt Nancy Friday dazu, dass die Unfähigkeit der Mutter, mit der beginnenden Sexualität ihrer Tochter offen umzugehen – ihr Schweigen zur Menstruation und zu den anderen körperlichen Veränderungen –, von dieser als Zurückweisung ihrer eigenen weiblichen Identität wahrgenommen wird, und dass diese schweigende Zurückweisung für die Tochter deshalb so gravierend ist, weil sie von dem Menschen kommt, mit der sie sich zu diesem Zeitpunkt ihres Lebens am meisten identifiziert. Deshalb versucht die Tochter, mit dieser Zurückweisung fertig zu werden, indem sie ständig Ablehnungspsychodramen mit ihren Altersgenossinnen inszeniert.

Diese Ablehnungsdramen drücken sich meist in Form der typischen Hackordnung aus – das größte, mutigste Huhn hackt ein kleineres vom Futtertrog weg, das sich dafür rächt, indem es noch ein verletzbares Huhn vertreibt. Und da wir mit der scheinbaren Ablehnung unserer Mutter nicht direkt umgehen können, weil wir zu klein, zu verwundbar und zu hilflos sind, greifen wir einfach ein schwächeres Mädchen an – der klassische Fall von verschobener Aggression also. Möglich ist aber auch, dass das Inszenieren von Rollen – ob wir nun die Rolle der Anführerin, der Mitläuferin oder des Opfers spielen – nur eine gute Gelegenheit bietet, die eigene scheinbare Ablehnung an anderen auszuleben und uns dadurch eine gewisse Erleichterung zu verschaffen. Doch wie auch immer der Mechanismus im Einzelnen aussieht, ich kann nur vermuten, dass das kulturelle Tabu der Menstruation, die Unwissenheit der Mütter und ihr zögerlicher Umgang mit dem Thema eng mit dem Phänomen der Intrigenspiele ihrer Töchter verbunden sind.

Es war bereits einige Zeit vergangen, und meine Tochter und ich hatten längst wieder zu unserem alten vertrauten Umgang zurückgefunden, als sie eines Morgens vor der Schule plötzlich über ein Problem zu sprechen begann, das sie mit ihren Freundinnen hatte. Ich schwieg zunächst, denn dieses Thema war in der Vergangenheit so belastet gewesen, dass ich es seit Monaten nicht mehr angerührt hatte und nichts Falsches sagen wollte.

»Ich weiß nicht, was ich tun soll, Mama«, sagte sie. »Ich wär so gern Susis und Tanjas Freundin, aber die flüstern und reden dauernd über Kati – immer so laut, dass sie es hören kann, und ich mag doch Kati eigentlich auch.«

»Kannst du denn nicht mit allen drei befreundet sein?«, sagte ich und hätte mir dabei am liebsten auf die Zunge gebissen, denn das war jedes Mal meine Standardantwort gewesen, wenn wir über dieses Thema gesprochen hatten, und hätte normalerweise eine empörte Reaktion ausgelöst. Doch diesmal sagte sie nur: »Aber wenn ich nicht mitmache, dann sind Susi und Tanja nicht mehr meine Freundinnen.«

»Was machst du denn in einer solchen Situation?«, fragte ich, um etwas Neutrales zu sagen.

»Na ja, ich steh einfach nur da und sag eigentlich nichts, aber wenn ich mit Susi und Tanja zusammen bin, dann zeigt das ja auch, dass ich automatisch gegen Kati bin. Und dabei fühl ich mich ziemlich blöd«, sagte sie und fing an zu weinen.

»Schau mal«, sagte ich, »Susi und Tanja sind doch eigentlich ganz nett. Warum sagst du ihnen nicht einfach: ›Also, ich hab da ein Problem und mir geht's schlecht damit‹, und dann erzählst du ihnen, was du mir gerade gesagt hast, nämlich dass du gerne ihre Freundin wärst, aber dass du nichts gegen Kati hast und dir ganz blöd vorkommst, wenn du mitmachst.«

Meine Tochter warf mir einen Blick zu, an dem sich deutlich ablesen ließ, was sie von meinem Vorschlag hielt.

»Vielleicht doch keine so gute Idee«, sagte ich.

»Richtig, Mama«, stimmte sie zu, und gab mir einen Kuss zum Abschied. Vielleicht war mein Tipp wirklich nicht besonders hilfreich, vielleicht war es auch kein besonders guter Tipp, aber wenigstens hatten wir über dieses Thema gesprochen, ohne dass es Streit gab.

Zwei Tage später, als sie aus der Schule kam, sprudelte sie gleich los: »Also, ich hab versucht, das zu machen, was du gesagt hast.«

»Und hat's funktioniert?«

»Ja – und wie! Susanne und Tanja haben gesagt, dass es okay ist und dass sie immer noch meine Freundinnen sind, obwohl ich nichts gegen Kati habe.«

Wie gnädig von ihnen, dachte ich mir, aber ich sagte nichts, und insgeheim freute ich mich auch, denn meine Tochter hatte angefangen, eine neue Rolle für sich selbst in diesem Spiel zu definieren.

Vielleicht hatte Nancy Friday Recht. Vielleicht nahm meine Tochter die Tatsache, dass ich ihre körperlichen Veränderungen beachtete und ernst nahm, als ein Zeichen der Akzeptanz ihrer sexuellen Identität wahr, und das wiederum verringerte ihr Bedürfnis, sich an diesen Ablehnungspsychodramen zu beteiligen. Heute weiß ich immer noch nicht, ob Fridays Theorien stimmen, aber die Erfahrungen mit meiner eigenen Tochter scheinen sie zu bestätigen. Trotzdem würde ich nicht wagen zu behaupten, dass der Umstand, dass Sie sich die Zeit nehmen, um Ihrer Tochter die Menstruation und all die anderen Veränderungen während der Pubertät zu erklären, sie auf magische Weise von den Psychospielen der Pubertät befreien wird oder dass dadurch die Spannungen, die so oft zwischen Eltern und Töchtern in der Pubertät bestehen, automatisch verschwinden. Aber meine Erfahrung mit meiner eigenen Tochter – und später meine Unterrichtserfahrung als Sexualkundelehrerin für Kinder vor der Pubertät haben mich davon überzeugt, dass Jugendliche in diesem Alter ausreichend Information über das, was mit diesem schwierigen Lebensabschnitt verbunden ist, brauchen und auch wollen.

Und damit komme ich zu dem Punkt, warum ich diesen Ratgeber geschrieben habe. Der Zweck dieses Buches ist natürlich, jungen Mädchen in der Pubertät alle grundlegenden Informationen über ihren Körper zu geben. Und ich hoffe, dass es Eltern und Töchtern hilft, die Verlegenheitsschranke zu überwinden und miteinander ins Gespräch zu kommen. Im Idealfall stelle ich mir vor, dass Eltern das Buch zusammen mit ihrer Tochter lesen, denn irgendwie lösen heikle Themen, wenn man sie auf Papier gedruckt vor sich sieht, meist weniger Verlegenheit aus, als wenn man darüber spricht.

Mitunter kann es aber auch besser sein, wenn Sie das Buch Ihrer Tochter einfach selbst zum Lesen geben. Eltern erzählen mir oft, dass sie meine Bücher mit der Absicht kaufen, um sie gemeinsam mit ihrem Kind zu lesen, aber dass die Tochter das Buch dann irgendwo im Haus gefunden und bereits halb gelesen hatte, ehe es überhaupt dazu kam.

Unabhängig davon, ob Sie es nun allein oder gemeinsam lesen, hoffe ich, dass Sie einen Weg finden, mit Ihrer Tochter über die Veränderungen, die in ihrem Körper stattfinden oder bald stattfinden werden, zu sprechen. Und wie wichtig das ist, zeigen mir Hunderte von Briefen junger Mädchen, die meine Bücher gelesen haben und deren Umschläge mit unterstrichenen Bitten versehen sind wie »Hilfe!«, »Dringend!«, »Gleich öffnen!« oder »Bitte sofort antworten!« Darin stecken dann fünfseitige Briefe mit komplizierten Zeichnungen und ausführlichen Erklärungen von körperlichen oder seelischen Vorkommnissen, die den Jugendlichen Sorgen machen und für die sie keine Erklärung finden.

Teenager in diesem Alter brauchen sehr viel Bestätigung und die Sicherheit, dass das, was mit ihnen geschieht, völlig normal ist, und ich konnte die Erfahrung machen, dass Jungen und Mädchen außerordentlich dankbar für eine solche Bestätigung sind. Bei manchen Klassen habe ich sogar erlebt, dass alle spontan applaudierten, wenn ich das Zimmer betrat, und in meiner Schublade liegen auch heute noch viele rührende Briefe von jungen Leserinnen und Lesern, die mir dafür gedankt haben, dass ich bestimmte Ängste oder Zweifel bei ihnen angesprochen habe. Aber Jugendliche sind nicht nur dankbar, wenn man ihrem Bedürfnis nach Bestätigung auf diese Weise begegnet, sondern entwickeln auch eine tiefe Achtung für den Menschen, der ihnen diese Bestätigung gibt, und lernen, ihm zu vertrauen. Eltern sollten sich klar machen, welch enges Band sie mit ihrer Tochter knüpfen können, wenn sie auch während der Pubertät immer für sie da sind – ganz zu schweigen davon, wie sich dieses Vertrauen in späteren Jahren auswirken wird. Denn wenn Sie jetzt für alle Fragen offen und ein echtes Gegenüber sind, besteht eine größere Wahrscheinlichkeit, dass Ihre Tochter auch später bei wichtigen Fragen und Entscheidungen zu Ihnen kommen wird.

Zum Abschluss möchte ich noch darauf hinweisen, dass Gespräche über die Veränderungen in der Pubertät nicht unbedingt leicht sind, auch wenn Ihre Tochter das Buch gelesen hat. Und wenn Sie sie dann mit einer direkten Frage konfrontieren wie:

»Was hältst du von dem Buch?« oder: »Gibt es irgendetwas in dem Buch, worüber du mit mir sprechen möchtest?«, kann es zwar sein, dass Sie eine detaillierte kritische Bewertung dieses Ratgebers bekommen oder auch eine Reihe offener aufrichtiger Fragen, aber noch wahrscheinlicher wird sie Ihnen eine Antwort geben wie: »Ist schon okay« oder: »Nee, ich will nichts wissen« oder: »Hab jetzt keine Lust, darüber zu reden.«

Ich habe die Erfahrung gemacht, dass ein anderer Weg besser funktioniert, etwa indem Sie so etwas sagen wie: »Also, als ich in deinem Alter war, (... habe ich meine ersten Schamhaare entdeckt ... habe ich zum ersten Mal meine Tage bekommen ... habe ich gemerkt, dass ich einen Busen bekomme, usw.), und ich war richtig (... nervös, aufgeregt, stolz, verlegen, ängstlich etc.) und stell dir vor, was mir dann passiert ist ...« (Ergänzen Sie den Satz mit einer Geschichte aus Ihrer eigenen Pubertät. Je peinlicher und ungeschickter die Situation war, umso besser.) Wenn Sie diesen Weg wählen, ist es auch für Ihre Tochter leichter, sich Ihnen zu öffnen. Indem Sie ihr eine Ihnen eher unangenehme Geschichte über sich selbst erzählen, geben Sie ihr zu verstehen, dass es völlig in Ordnung ist, auf diesem Gebiet unsicher und überhaupt nicht allwissend zu sein. Auch die Jugendlichen in meinem Unterricht werden viel zugänglicher, wenn ich ihnen Geschichten wie etwa die folgenden erzähle:

»Damals habe ich mit meiner besten Freundin um mein Taschengeld gewettet, dass Babys dadurch entstehen, dass der Mann die Frau küsst, dabei ein Samen aus ihrem Bauch in ihren Hals steigt, in den Mund kommt und wieder den Hals hinunterwandert. Dann landet er in ihrem Bauch und neun Monate später kommt dann ein Baby aus dem Bauchnabel. Natürlich war mein ganzes Taschengeld futsch.« Oder: »Als mein Bruder als Schulsprecher vor der ganzen Schule eine Rede halten sollte, bekam er eine spontane Erektion und wusste nicht, ob alle über seinen Witz lachten ober über seine Erektion.«

Noch ein kleiner Ratschlag: Vermeiden Sie »das Gespräch« über dieses Thema, denn es wird seinen Zweck nicht erfüllen, ganz egal, wie viel Mühe Sie sich geben. Viel besser ist es, die Thematik gelegentlich anzuschneiden, wenn es gerade passt. Meine Erfahrung hat mir gezeigt, dass eine lockere, entspannte Haltung, wenn Sie mit Ihrem Kind darüber sprechen, am besten funktioniert. Und wenn es Ihnen schwer fällt oder in Verlegenheit bringt, mit ihr über Pubertät und Sexualität zu sprechen, verstecken Sie es nicht vor Ihrer Tochter. Es ist völlig in Ordnung, wenn Sie etwa Ihrem Kind sagen: »Meine Eltern haben nie mit mir über diese Dinge gesprochen, und deshalb fällt es mir jetzt auch nicht ganz leicht, mich mit dir darüber zu unterhalten« oder so ähnlich, denn Ihr Kind merkt Ihre Verlegenheit sowieso an Ihrem Ton, Ihrer Stimme, Ihrer Körpersprache oder anderen nichtverbalen Kommunikationsformen, mit denen wir ausdrücken, was wir wirklich fühlen. Wenn Sie vorgeben, nicht verlegen zu sein, verwirren Sie Ihr Kind nur, wenn Sie dagegen Ihre Gefühle offen aussprechen, ist die Luft wieder klar. Auch wenn Ihre Tochter dann vielleicht herablassend mitleidig, genervt oder abweisend reagiert, ist dies letztlich besser, als wenn sie zu dem Schluss kommt, das Thema selbst sei anscheinend etwas so Seltsames, dass man wohl besser nicht darüber spricht.

Ich hoffe, dass dieses Buch Ihnen und Ihrer Tochter hilft, den Prozess der Pubertät besser zu verstehen und Sie einander näher bringt.

Ergänzung

Einige wichtige Änderungen in dieser Ausgabe wurden aufgrund neuer Forschungsergebnisse vorgenommen, die zeigen, dass Mädchen heute eher in die Pubertät kommen als noch vor einer Generation – im Durchschnitt kurz vor dem zehnten Lebensjahr. Als Reaktion darauf entschied ich mich, dieses Buch noch leichter lesbar zu machen, damit auch sehr junge Mädchen es verstehen, ohne dabei jedoch wichtige Details auszulassen.

Darüber hinaus wurden einige aktuelle Informationen hinzugefügt. So habe ich beispielweise aufgrund zahlreicher Briefe von sehr jungen Leserinnen mit Fragen zur Menstruation das Thema Erste Periode und Umgang mit der Menstruation erheblich erweitert, um möglichst alle Fragen der vielen jungen Mädchen, die sich um ihre erste Periode Gedanken machen, vollständig zu beantworten.

Auch das Kapitel »Der berühmte Wachstumsschub« wurde erweitert und soll damit Antwort geben auf zahlreiche Fragen zu den verschiedenen Körpertypen und zu den Vorstellungen vieler junger Mädchen, wie man aussehen »sollte«, wozu auch das Thema Essstörungen gehört. Studien, die zeigen, dass die Jugendlichen in den Industrienationen sich heutzutage nicht mehr ausreichend bewegen und junge Mädchen aufgrund einseitiger Ernährung im Durchschnitt heute nur noch die Hälfte des benötigten Kalziums zu sich nehmen, haben mich außerdem dazu bewogen, einen Abschnitt zu Ernährung und Bewegung mit in dieses Kapitel aufzunehmen.

Des Weiteren haben mich die Fragen von jungen Mädchen und Frauen dazu angeregt, noch genauer auf aktuelle Themen wie sexuelle Gewalt einzugehen. Eine weitere Änderung betrifft die Themen Geschlechtsverkehr, Schwangerschaft, Verhütung und sexuell übertragbare Krankheiten, die in dieser Ausgabe nur relativ kurz gestreift wurden. Eine solche Kürzung des Materials zur Sexualaufklärung entspricht meinem heutigen Gesamtverständnis von der Notwendigkeit einer frühen Pubertätsbegleitung, denn ebenso wichtig wie eine gute Aufklärung ist, jungen Mädchen mehr Sicherheit im Umgang mit den körperlichen Veränderungen während der Pubertät zu vermitteln. Ich hoffe, dass dieses Buch Ihrer Tochter hilft, diese Sicherheit zu bekommen.

Kapitel 1
Die Pubertät

»Ich wollte immer, dass es endlich passiert, und als ich dann schließlich einen Busen und meine Tage bekam, war ich sehr erleichtert.«
Karin, 16 Jahre

»Früher wollte ich überhaupt keine Periode bekommen und habe immer gehofft, dass ich die Letzte sein würde.«
Sarah, 15 Jahre

»Ich kann mich noch daran erinnern, dass meine Brüder mich in der Pubertät plötzlich nicht mehr gegen die Brust boxen durften und ich mich heimlich darüber gefreut habe.«
Julia, 24 Jahre

»Anfangs habe ich Angst gehabt, was sich in der Pubertät wohl alles verändern würde, aber dann war es gar nicht so schlimm und auch gar keine so große Sache, wie es sich immer angehört hatte.«
Michaela, 17 Jahre

Diese Mädchen und Frauen reden alle über das Gleiche: die Pubertät, also die Zeit im Leben, in der man nach und nach immer erwachsener wird.

Wie du in Abbildung 1 erkennen kannst, verändert sich im Verlauf der Pubertät der ganze Körper. Vielleicht am offensichtlichsten ist die Tatsache, dass man jetzt größer wird. Natürlich wächst man auch während der Kindheit, aber in der Pubertät gibt es ei-

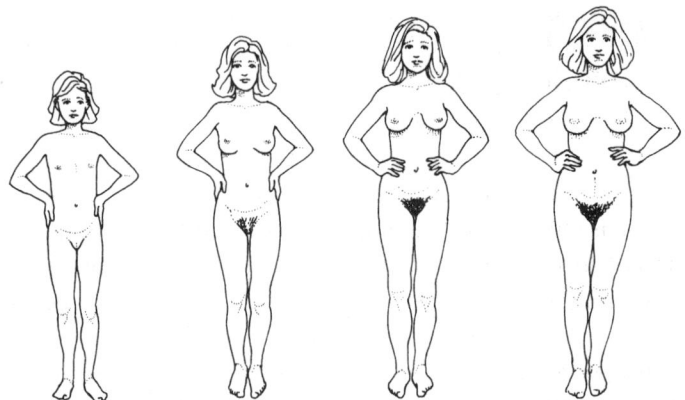

Abb. 1: **Veränderungen in der Pubertät.** Wenn Mädchen in die Pubertät kommen, entwickeln sich ihre Brüste, und im Genitalbereich und unter ihren Armen wachsen Haare. Sie werden größer, und auf Hüften, Oberschenkeln und Gesäß lagert sich Fettgewebe an, sodass sie etwas rundlicher werden.

nen richtigen Wachstumsschub, und man wächst dann schneller als zu irgendeiner anderen Zeit.

In der Pubertät verändert sich auch die Körperform, denn jetzt bekommen die meisten Mädchen einen Busen und ihre Hüften und Oberschenkel werden etwas runder. Zwischen den Beinen und unter den Achseln wachsen weiche Haarbüschel, und die Haut verändert sich, sodass man sich anders anfühlt und anders riecht als früher.

Bei einigen Mädchen verläuft die Pubertät sehr langsam, bei anderen finden die Veränderungen dagegen so schnell statt, dass man das Gefühl hat, sie hätten sich über Nacht verwandelt. Aber in Wirklichkeit geschieht das alles gar nicht so schnell, denn die Pubertät geht während vieler Monate und Jahre vor sich, und die ersten Veränderungen können sich schon früh bei noch relativ kleinen Mädchen zeigen. Doch ganz egal, ob die Pubertät bei dir früh oder spät beginnt – du hast sicher viele Fragen zu dem, was in dieser Zeit mit deinem Körper geschieht, und wir hoffen, dass dieses Buch dir all deine Fragen beantworten kann.

Wir – das sind meine Tochter Area und ich, denn wir haben dieses Buches zusammen geschrieben. Dafür haben wir mit vielen Ärzten gesprochen, zahlreiche medizinische Bücher gelesen und uns mit vielen Frauen und Mädchen unterhalten, die uns erzählt haben, wie die Pubertät bei ihnen war, wie sie sich dabei gefühlt haben und welche Fragen sie in dieser Zeit hatten.

Außerdem gebe ich Sexualkundeunterricht in Schulen und zusammen mit meiner Tochter Seminare für Jugendliche und ihre Eltern zu allen Fragen rund um die Pubertät. Die Kinder und Jugendlichen, aber auch die Eltern stellen dann immer viele Fragen und haben selbst viel dazu zu sagen. Und weil vieles von dem, was sie uns erzählt haben, sich in diesem Buch wiederfindet, sind sie gewissermaßen zu Mitautorinnen geworden. Allerdings haben wir die Namen der Frauen und Mädchen, die wir in diesem Buch zitieren, geändert, damit ihre Privatsphäre geschützt bleibt.

Als ich vor vielen Jahren meinen ersten Sexualkundeunterricht hielt, war dieses Thema noch ganz neu, und ich begann meine erste Stunde damit, dass ich den Schülern erzählte, wie Kinder gezeugt werden. Das erschien mir sinnvoll, denn schließlich bereitet sich der Körper während der Pubertät auf einen künftigen Lebensabschnitt vor, in dem man vielleicht mal ein Kind bekommen möchte.

Damals dachte ich, dass es ganz einfach wäre, darüber zu sprechen. »Da ist doch nichts dabei«, hatte ich mir überlegt. »Ich gehe einfach in die Klasse und erzähle, woher die kleinen Kinder kommen. Überhaupt kein Problem.« Aber da hatte ich mich geirrt, denn kaum hatte ich den Mund aufgemacht, spielte die ganze Klasse auch schon verrückt: Die Jungen und Mädchen kicherten, stießen sich an und wurden ganz rot – ein Junge war sogar so nervös, dass er vom Stuhl fiel. Alle verhielten sich anscheinend deshalb so merkwürdig, weil ich bei der Zeugung von Kindern auch über Sex sprach, und wie ihr vielleicht schon gemerkt habt, ist Sex ein ganz besonderes Thema, auf das die meisten Menschen ziemlich verlegen reagieren.

Was ist eigentlich Sex?

Was heißt »Sex« oder dass Menschen »Sex haben«? Es bedeutet in der Regel, dass sie Geschlechtsverkehr haben, dass also die Geschlechtsorgane eines Mannes und einer Frau in enge Berührung miteinander kommen. Sex ist auch der Weg, wie Kinder gezeugt werden.

Unsere Geschlechtsorgane sind der »private Teil« unseres Körpers, die wir in der Regel bedeckt halten und über die wir in der Öffentlichkeit auch meist nicht sprechen. Wenn ich damals etwas genauer nachgedacht hätte, dann hätte ich mir das alles vor meiner ersten Stunde überlegt. Ich hätte verstanden, dass das Sprechen über Sex oder die Geschlechtsorgane einen ziemlichen Wirbel in der Klasse verursachen würde. Nach meinem ersten Unterricht wusste ich dann sehr schnell, worum es ging. Damals habe ich beschlossen, dass, wenn schon alle bei diesem Thema kichern mussten, es am besten ganz gründlich geschehen sollte. Wenn ich eine neue Klasse übernehme, beginne ich den Aufklärungsunterricht deshalb heute damit, dass ich zuerst an alle Schüler jeweils ein Blatt mit den Zeichnungen von Abbildung 2 und dazu rote und blaue Farbstifte verteile.

Abbildung 2 zeigt die äußeren Geschlechtsorgane eines Mannes und einer Frau, die auch Genital- oder Fortpflanzungsorgane genannt werden. Jeder Mensch hat äußere und innere Geschlechtsorgane, die sich während der Pubertät verändern.

Die männlichen
Geschlechtsorgane

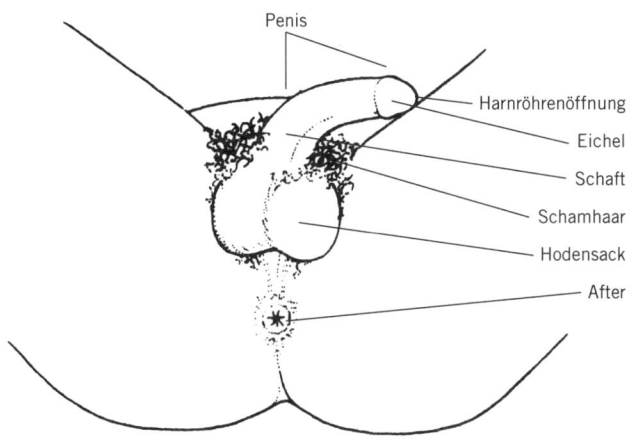

Die weiblichen
Geschlechtsorgane

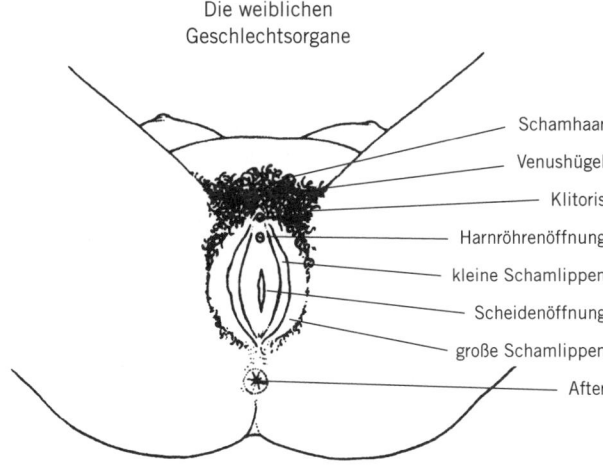

Abb. 2: **Männliche und weibliche Geschlechtsorgane**

Die männlichen Geschlechtsorgane

Wenn alle Schüler ihre Blätter und Stifte bekommen haben, halte ich die Abbildung mit den männlichen Geschlechtsorganen hoch und erzähle der Klasse, dass die äußeren Geschlechtsorgane eines Mannes aus Penis und Hodensack bestehen. Die Jungen und Mädchen kichern dann zwar immer noch wie verrückt oder fallen vor Verlegenheit fast vom Stuhl, aber ich rede dann einfach weiter: »Der Penis selbst hat zwei Teile: der Schaft und die Eichel. Sucht jetzt bitte den Penisschaft und malt ihn mit blauen und roten Streifen an.« Jetzt konzentrieren sich alle intensiv auf das Malen. (Wenn du willst, kannst du den Schaft auch anmalen, es sei denn, du hast das Buch von jemandem geliehen oder dir aus der Bücherei geholt.)

Als Nächstes fordere ich die Klasse auf, dass sie die kleine Öffnung an der Spitze des Penis finden und rot umkringelt. Das ist die Harnröhrenöffnung, durch die der Urin den Körper verlässt. Jetzt wird meist schon etwas weniger gekichert, denn die Harnröhrenöffnung ist ziemlich klein, sodass sich alle beim Malen mehr konzentrieren müssen. Dann malen alle die Eichel an. Ich schlage meist blau vor, aber du kannst sie auch anders anmalen. Rote und blaue Pünktchen für den Hodensack, ist dann die nächste Aufgabe. Der Hodensack ist ein loser Hautbeutel unter dem Penis, in dem sich zwei eiförmige Organe befinden, die Hoden. Man kann sie in Abbildung 2 zwar nicht sehen, aber wir werden auf den nächsten Seiten noch darüber sprechen. Dann erkläre ich, dass die krausen Haare auf den Geschlechtsorganen die Schamhaare sind, und bitte die Klasse, die Schamhaare ebenfalls farbig zu markieren. Zum Schluss kommen wir zum After. Das ist die Öffnung, durch die der Kot, also der Darminhalt, den Körper verlässt. Der After ist zwar kein Geschlechtsorgan, aber da er in der Nähe liegt, malen ihn alle ebenfalls an.

Bis die Klasse die verschiedenen Körperteile fertig angemalt hat, habe ich das Wort »Penis« schon ungefähr zwanzigmal ausgesprochen – dann hat sich jeder daran gewöhnt und auch an die anderen Worte, über die man normalerweise nicht viel spricht. Meine Schüler spielen deshalb auch nicht mehr jedes Mal verrückt, wenn ich diese Wörter sage, und weil die Zeichnungen inzwischen ziemlich lustig aussehen, lachen alle. Denn Lachen hilft, etwas besser mit Verlegenheit und Nervosität umzugehen.

Was heißt Beschneidung?

Abbildung 2 zeigt einen beschnittenen Penis. Die Beschneidung ist eine Operation, bei der man die Vorhaut des Penis – ein Teil der Haut, die den Penis bedeckt – entfernt und die meist kurz nach der Geburt durchgeführt wird.

Es gibt manche Männer, die beschnitten sind, aber auch viele, die ihre Vorhaut noch haben. Wenn ein Junge nicht beschnitten ist, bedeckt die Vorhaut meist die gesamte Eichel.

Vorhaut und Eichel sind bei der Geburt in der Regel noch miteinander verbunden, aber ganz allmählich löst sich die Vorhaut von der Eichel, sodass sie sich zurückziehen lässt, entweder wenn der Junge erwachsen ist oder auch schon früher. Das bedeutet, dass er die Vorhaut über die Eichel und den Penisschaft entlangziehen kann, wie in Abbildung 3 gezeigt.

Vielleicht fragst du dich, warum Eltern ihre Söhne beschneiden lassen, oder du hast weitere Fragen zu dieser Operation. Dann kannst du auf Seite 197 mehr zu diesem Thema nachlesen.

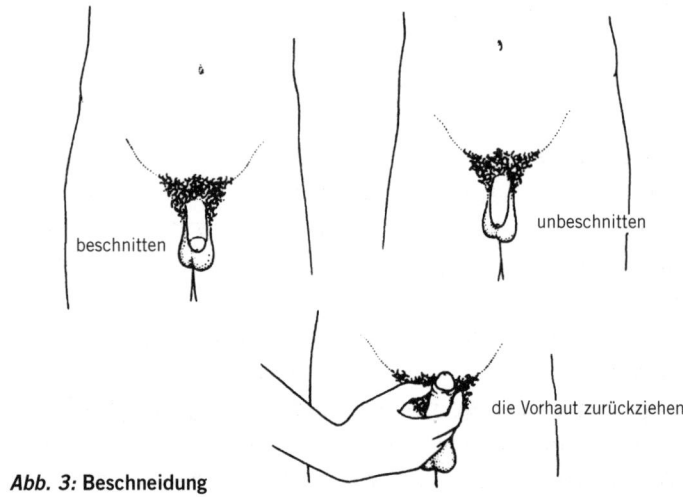

beschnitten

unbeschnitten

die Vorhaut zurückziehen

Abb. 3: **Beschneidung**

Ein weiterer Grund für das Anmalen ist, dass die Jungen und Mädchen die Namen dieser Organe dann besser lernen. Und schließlich sind das wichtige Körperteile, sodass es sich lohnt, ihre Namen zu kennen.

Slang-Ausdrücke für Penis und Hoden

Während alle die verschiedenen Körperteile anmalen, sprechen wir auch über die Slang-Ausdrücke, denn manche Menschen verwenden für die Geschlechtsorgane nicht die medizinischen Begriffe, sondern Slang-Namen, und vor allem die Jungen kennen sich damit meist sehr gut aus.

Jedes Mal, wenn ich »Penis« oder »Scheide« sagte, konnten sie sie nicht mehr für sich behalten, sondern stießen sich gegenseitig an und flüsterten sich die Worte zu. Deshalb lag es nahe, all die Begriffe, die durch das Klassenzimmer schwirrten, einfach mal an die Tafel zu schreiben, und bald war die Tafel voll:

Penis: Schwanz, Pimmel, Dödel, Schniedelwutz, Kleiner Mann, Latte, Rute, Pillermann, Dicker, Lümmel.

Hoden: Eier, Nüsse, Gehänge, Glocken.

Die weiblichen Geschlechtsorgane

Wenn alle mit dem Anmalen der männlichen Geschlechtsorgane fertig sind, machen wir mit den weiblichen weiter. Die äußeren Geschlechtsorgane einer Frau heißen Vulva und bestehen aus mehreren Teilen. Oben befindet sich eine Fettgewebeschicht, die Venushügel heißt und bei Frauen mit drahtigem krausen Haar bedeckt ist, dem Schamhaar. Jetzt bitte ich die Klasse, den Venushügel und die Schamhaare rot anzumalen.

Dann kommen wir zum unteren Teil des Venushügels. Er teilt sich in zwei Hautfalten, die man die großen Schamlippen nennt und die mit blauen Pünktchen markiert werden. Zwischen den großen Schamlippen liegen die zwei kleinen Schamlippen, die mit roten Streifen angemalt werden.

Die kleinen Schamlippen stoßen oben zusammen, sodass eine Hautfalte entsteht, die eine Art Häubchen bildet. In Abbildung 2 auf Seite 39 kannst du erkennen, dass der Kopf der Klitoris unter diesem Häubchen hervorschaut. Der Rest der Klitoris liegt unter der Haut, wo du ihn nicht sehen kannst. Den Kopf der Klitoris malen die Kinder blau an.

Senkrecht unter der Klitoris liegt die Harnröhrenöffnung, durch die der Körper Urin (Harn) ausscheidet. Ich sage der Klasse, dass sie die Harnröhrenöffnung rot anmalen soll.

Unter der Harnröhrenöffnung befindet sich die Scheidenöffnung, die zur Scheide im Körper führt und die die äußeren Geschlechtsorgane mit den inneren verbindet. Ich schlage vor, dass alle die Scheidenöffnung blau anmalen (die Leute sprechen oft von Scheide, wenn sie eigentlich Vulva meinen. Die Scheide befindet sich aber im Innern des Körpers und Vulva ist der korrekte Name für die äußeren weiblichen Geschlechtsorgane). Zum Schluss kommen wir zum After, den die Klasse rot markiert.

Während alle malen, stellen wir eine weitere Liste mit Slang-Ausdrücken für die weiblichen Geschlechtsorgane zusammen:

Slang-Ausdrücke für Vulva und Scheide
Muschi, Möse, Pussy, Loch, Ritze, Büchse.

Nachdem alle auch die weiblichen Geschlechtsorgane angemalt haben, sind die meisten schon viel weniger verlegen und wissen jetzt bereits ziemlich gut, wo sich diese Körperteile befinden. Und das wiederum hilft zu verstehen, wie Kinder gezeugt werden.

Was geschieht beim Geschlechtsverkehr?
Durch den Geschlechtsverkehr zwischen einer Frau bzw. einem Mädchen und einem Mann bzw. einem Jungen kann ein Kind gezeugt werden, indem der erigierte Penis in die Scheide eindringt. Erigiert kommt von Erektion, was bedeutet, dass der Penis steif und hart wird und dadurch waagrecht vom Körper absteht (siehe Abbildung 4). Männer und Jungen in jedem Alter und sogar schon Babys können eine Erektion haben, die meist durch sexuelle Erregung, aber auch spontan entsteht, etwa im Schlaf.

Bei einer Erektion füllt sich das weiche Penisgewebe mit so viel Blut, dass es steif und hart wird. Dadurch schwillt der Penis an, richtet sich auf und steht vom Körper ab, weshalb manche Leute eine Erektion auch einen »Ständer« nennen.

Wenn nun ein Paar Geschlechtsverkehr haben möchte, kommt es sich so nahe, dass der erigierte Penis in die Scheide eindringen kann. Dann drücken die Partner ihre Körper zusammen und

Abb. 4: Erektion

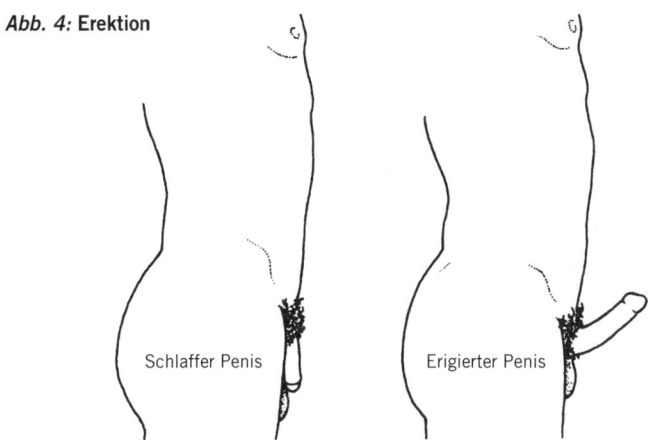

Schlaffer Penis   Erigierter Penis

bewegen sich so, dass der Penis in der Scheide vor und zurück gleitet, und dadurch entsteht sexuelle Lust.

Jetzt denkst du vielleicht, dass es schwierig für den Penis sein muss, in die Scheide einzudringen, denn schließlich ist die Scheidenöffnung ja ziemlich eng. Aber diese Öffnung ist überaus elastisch und kann sich deshalb sehr weit dehnen, sogar so weit, dass bei der Geburt ein Kind hindurchgelangen kann. Außerdem produziert der Mann oder Junge bei sexueller Erregung ein bis zwei Tropfen Flüssigkeit, die aus der Spitze des erigierten Penis austritt, und auch bei der Frau bzw. dem Mädchen werden die Scheidenwände feucht, sodass der Penis bequem in die Scheide eindringen kann.

Die Scheide ist wie ein Schlauch und besteht aus weichem dehnbaren Muskelgewebe, sodass sich die inneren Scheidenwände berühren. Wenn nun der erigierte Penis hineinkommt, drängt er sich zwischen die Scheidenwände und schiebt sie auseinander. Dadurch umschließen die weichen elastischen Wände den erigierten Penis, sodass er perfekt in die Scheide passt.

Geschlechtsverkehr hat ein Paar natürlich nicht nur, um ein Kind zu zeugen, sondern ist auch eine besonders schöne Möglichkeit, einem anderen Menschen sehr nahe zu sein. Außerdem kann sich Sex sehr gut anfühlen, denn die Geschlechtsorgane haben viele Nervenenden, die mit den Lustzentren im Gehirn verbunden sind, und wenn man diese Körperteile streichelt und aneinander reibt, wird dies meist als sehr lustvoll empfunden.

Wie entsteht ein Kind?

Soll beim Geschlechtsverkehr ein Kind gezeugt werden, muss sich ein weibliches Ei mit dem männlichen Samen (Spermium) verbinden. Dieses Ei ist winzig klein – noch kleiner als der kleinste Punkt, den man mit einem spitzen Bleistift machen kann – und ein Spermium sogar noch kleiner.

Eigentlich sind Samen und Ei Zellen. Der Körper besteht aus Milliarden von Zellen, und es gibt viele verschiedene Zelltypen, aber Ei- und Samenzelle sind die einzigen Zellen, die verschmelzen und zu einer einzigen Zelle werden können, aus der dann ein Baby entsteht. Damit das geschehen kann, hat der Mann beim Geschlechtsverkehr einen Samenerguss, bei dem Millionen von Samenzellen sich in die Scheide der Frau ergießen.

Spermien und Samenerguss

Die männlichen Samenzellen werden in den Hoden gebildet, zwei eiförmige Kugeln im Hodensack, und in den Samenleitern gespeichert, die zu den Hoden führen. Die erste Samenproduktion beginnt in der Pubertät, und von da an und während des ganzen weiteren Lebens werden dann täglich Millionen neuer Samenzellen gebildet.

Damit es beim Sex zum Samenerguss kommt, ziehen sich bestimmte Muskeln in den Geschlechtsorganen zusammen, sodass

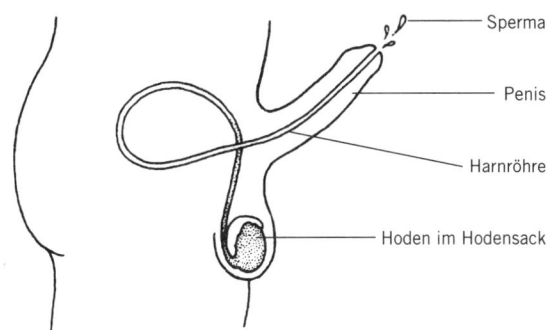

Abb. 5: Samenerguss. Spermien werden in den Hoden gebildet. Bei einem Samenerguss wird das Sperma durch die Harnröhre gepumpt und ergießt sich dann aus der Öffnung in der Penisspitze.

die Spermien an das obere Ende der Samenleiter gepumpt werden. Dort verbinden sie sich mit anderen Flüssigkeiten zu einer cremigen weißen Substanz, die man Sperma nennt. Durch das Zusammenziehen der Muskeln wird das Sperma nun weiter durch die Harnröhre gepumpt, die durch den Penis verläuft, bis es sich schließlich schubweise aus der Öffnung an der Penisspitze in die Scheide ergießt (siehe Abbildung 5).

Durchschnittlich gelangt bei einem Samenerguss weniger als ein Teelöffel Sperma in die Scheide, aber diese kleine Menge Sperma enthält bereits zwischen 300 und 500 Millionen Spermien. Einige dieser Spermien finden nun ihren Weg bis zum oberen Ende der Scheide und gelangen durch einen winzigen Tunnel in die Gebärmutter, auch Uterus genannt (siehe Abbildung 6), wo das Baby heranwachsen kann. Vom Uterus aus schwimmen nun die Spermien in den oberen Teil der Gebärmutter und von dort in die Eileiter. Allerdings schaffen es viele Spermien auf ihrem Weg von der Scheidenöffnung zur Gebärmutter nicht und sterben schon in der Scheide oder der Gebärmutter ab.

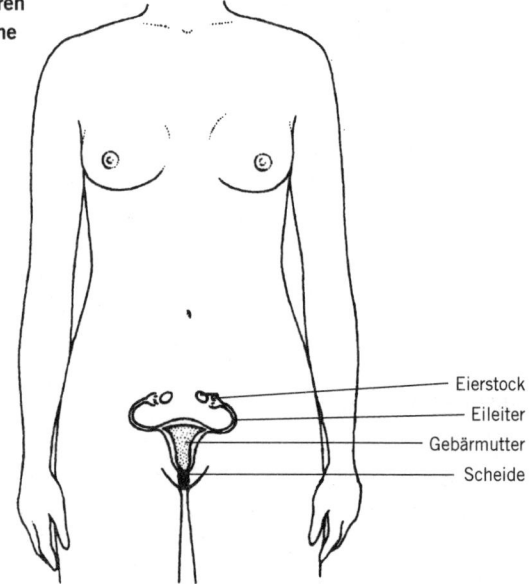

Abb. 6: Die inneren Geschlechtsorgane der Frau

Eierstock
Eileiter
Gebärmutter
Scheide

Eizelle und Eisprung

Jede Frau bzw. jedes Mädchen hat zwei Eileiter, die sich am oberen Ende der Gebärmutter befinden und direkt mit ihr verbunden sind. In einem dieser Eileiter kann das Spermium nun auf eine Eizelle treffen und sich mit ihr verbinden.

Mädchen haben schon bei der Geburt Hunderttausende von Eizellen, die in den Eierstöcken gespeichert werden. Diese Eizellen reifen allerdings erst im Verlauf der Pubertät und von da an einmal monatlich bis zu den Wechseljahren nacheinander heran. Beim so genannten Eisprung gelangt nun die reife Eizelle aus dem Eierstock in einen der beiden Eileiter (siehe Abbildung 7), indem sich das Ende des jeweiligen Eileiters nach oben ausstreckt und die Eizelle in den Eileiter befördert. Dort wird sie mit

Hilfe von winzigen Härchen in den Eileitern, die sich sanft vor- und rückwärts bewegen, langsam durch den Eileiter in Richtung Gebärmutter transportiert.

Befruchtung, Schwangerschaft und Geburt

Wenn nun die Eizelle bei ihrer Reise durch den Eileiter auf Spermien trifft, kann eines der Spermien in die Eizelle eindringen. Dann verschmilzt es mit ihr zu einer einzigen Zelle, und diese Verbindung von Eizelle und Spermium nennt man Befruchtung. Die Eizelle kann zwar nur in den ersten vierundzwanzig Stunden nach Verlassen des Eierstocks befruchtet werden, aber die Spermien können im Körper bis zu fünf Tage überleben. Das heißt, dass eine Befruchtung immer dann möglich ist, wenn ein Paar am Tag des Eisprungs oder an einem der fünf Tage davor Geschlechtsverkehr hatte.

Trifft die Eizelle bei ihrer Reise durch den Eileiter nicht auf ein Spermium, wird sie einige Tage später, nachdem sie die Gebärmutter erreicht hat, vom Körper einfach wieder abgebaut. Wenn die Eizelle dagegen befruchtet wurde, wandert sie weiter in die

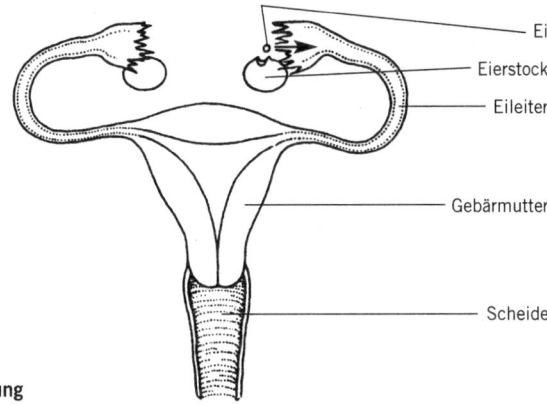

Ei

Eierstock

Eileiter

Gebärmutter

Scheide

Abb. 7: Eisprung

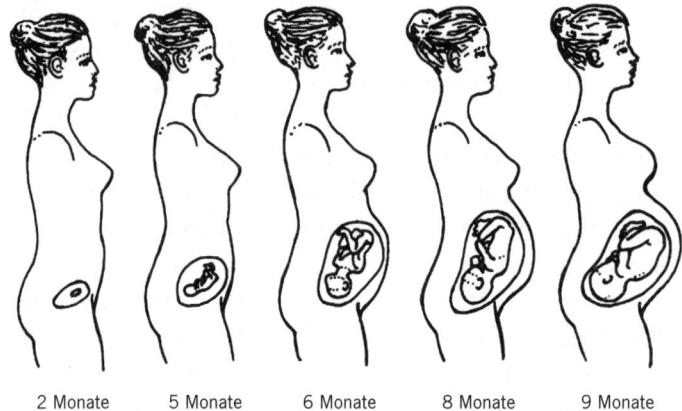

| 2 Monate | 5 Monate | 6 Monate | 8 Monate | 9 Monate |

Abb. 8: **Schwangerschaft.** Eine befruchtete Eizelle nistet sich in der Innen-
wand der Gebärmutter ein und entwickelt sich in den folgenden neun Monaten zu einem Baby.

Gebärmutter, nistet sich dort ein und wächst in den nächsten
neun Monaten zu einem Baby heran.

Die Gebärmutter einer erwachsenen Frau ist zwar nur etwa so
groß wie eine Birne, aber ihre dicken muskulösen Wände sind so
elastisch, dass sie sich während einer Schwangerschaft bis zur
Größe eines Babys ausdehnen können (siehe Abbildung 8).

Wenn das Baby dann nach neun Monaten ausgewachsen ist,
beginnen die Gebärmuttermuskeln sich rhythmisch zusammen-
zuziehen. Dadurch wird der winzige Tunnel, der die Gebärmutter
mit der Scheide verbindet, immer mehr gedehnt, sodass das Baby aus der Gebärmutter zuerst in die Scheide und schließlich
durch die Scheidenöffnung ins Freie gedrückt wird.

Zwillinge, siamesische Zwillinge, Drillinge

In der Regel wird die reife Eizelle im Eileiter nur von einem einzigen Spermium befruchtet, denn in dem Moment, in dem das Spermium in die Eizelle eindringt, finden dort bestimmte chemische Veränderungen statt, die das Eindringen weiterer Spermien verhindern. Aber es gibt Ausnahmen:

- *Zweieiige Zwillinge:* Sie entstehen, wenn zwei reife Eizellen von zwei verschiedenen Spermien befruchtet werden (siehe Abbildung 9). Meist bildet sich zwar nur eine reife Eizelle in den Eierstöcken, gelegentlich werden aber auch zwei reife Eizellen gleichzeitig produziert, die dann einzeln befruchtet werden können. In diesem Fall bekommt die Frau zweieiige Zwillinge, die sich gar nicht ähnlich sehen müssen und auch verschiedene Geschlechter haben können. Eine Frau kann auch zweieiige Zwillinge von zwei verschiedenen Vätern bekommen. Sie müsste dann aber im Zeitraum des Eisprungs Geschlechtsverkehr mit zwei Männern gehabt haben.

- *Eineiige Zwillinge:* Sie entwickeln sich aus einer einzigen befruchteten Eizelle, die sich kurz nach der Befruchtung geteilt hat (siehe Abbildung 10). Warum es zu einer solchen Teilung kommt, weiß man bis heute noch nicht. Da eineiige Zwillinge aus derselben Eizelle und demselben Spermium entstehen, sehen sie sich sehr ähnlich und haben auch immer dasselbe Geschlecht.

Bei einer Zwillingsgeburt kommt zuerst ein Baby auf die Welt, das andere folgt dann meist einige Minuten später. Manchmal kann es aber länger dauern, bis das zweite Kind geboren wird. Es hat sogar schon Fälle gegeben, in denen ein ganzer Tag zwischen der Geburt des ersten und des zweiten Babys lag.

- *Siamesische Zwillinge:* Das sind eineiige Zwillinge, die miteinander verwachsen sind, weil sich die befruchtete Eizelle nicht wie bei den eineiigen Zwillingen vollständig geteilt hat. Siamesische Zwillinge sind sehr selten und können auf verschiedene Arten miteinander verbunden sein. Wenn sie an den Füßen, Schultern oder Armen verwachsen sind, können sie durch eine Operation getrennt werden. In anderen Fällen kann eine operative Trennung sehr schwierig sein, etwa wenn sie am Brustkorb miteinander verwachsen sind und nur ein gemeinsames Herz haben. Wenn nicht operiert wird, bleiben siamesische Zwillinge ihr ganzes Leben lang miteinander verbunden.

- *Drillinge, Vierlinge, Fünflinge:* Sie sind viel seltener als Zwillinge. Bei mehr als drei Babys gleichzeitig sind die Chancen, dass sie alle überleben, allerdings geringer, denn weil es mehrere sind, sind sie oft viel kleiner als normale Babys und kommen meist auch früher zur Welt, bevor sie sich vollständig entwickelt haben. Soweit bekannt, waren Zwölflinge die größte Anzahl von Kindern, die jemals gleichzeitig geboren wurden; allerdings sind einige gleich bei der Geburt oder kurz danach gestorben. Es gab aber auch schon Siebenlinge, die alle überlebt haben.
Bekommen Frauen mehr als zwei Kinder gleichzeitig, wird dies oft durch Medikamente verursacht, die sie eingenommen haben, um schwanger zu werden. Diese Medikamente können die Eierstöcke so stark anregen, dass sich gleichzeitig mehrere reife Eizellen entwickeln.

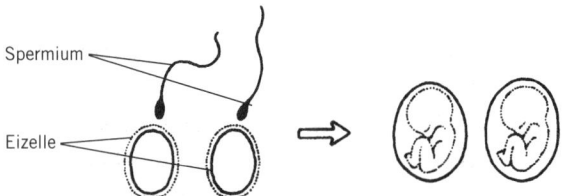

Abb. 9: Zweieiige Zwillinge. Zweieiige Zwillinge entstehen, wenn sich gleichzeitig zwei reife Eizellen bilden, von denen jede von einem anderen Spermium befruchtet wird.

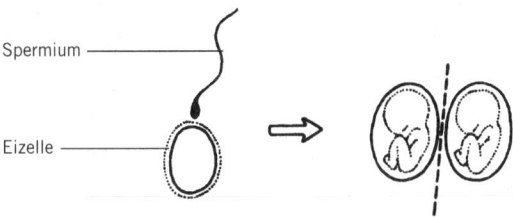

Abb. 10: Eineiige Zwillinge. Eineiige Zwillinge entstehen, wenn die Eizelle sich nach der Befruchtung teilt. Eineiige Zwillinge sehen sich ähnlich und haben immer das gleiche Geschlecht.

Was geschieht bei der Menstruation?

Jeden Monat, während im Eierstock eine Eizelle heranreift und der Eisprung stattfindet, bereitet sich die Gebärmutter auf eine mögliche Schwangerschaft vor: Die Schleimhaut der Gebärmutterinnenwände wird dicker und bildet Blutgefäße, denn nach einer Befruchtung nistet sich die Eizelle in diesem Gewebe ein, wo sie von da an mit Blut und Nährstoffen versorgt wird und sich so zu einem Embryo entwickelt.

Wurde die Eizelle dagegen nicht befruchtet, wird die verdickte Gebärmutterschleimhaut einfach wieder abgestoßen. Dabei lösen sich Schleimhautstückchen von der Gebärmutterwand und das blutgefüllte Gewebe zerfällt, wird flüssig und sammelt sich

Abb. 11: Die Menstruation. Während der Eierstock sich auf den Eisprung einer reifen Eizelle vorbereitet, verdickt sich die Gebärmutterschleimhaut. Wenn die Eizelle nicht befruchtet wird, baut sich die Gebärmutterschleimhaut ab und wird abgestoßen, was wir als Menstruation bezeichnen.

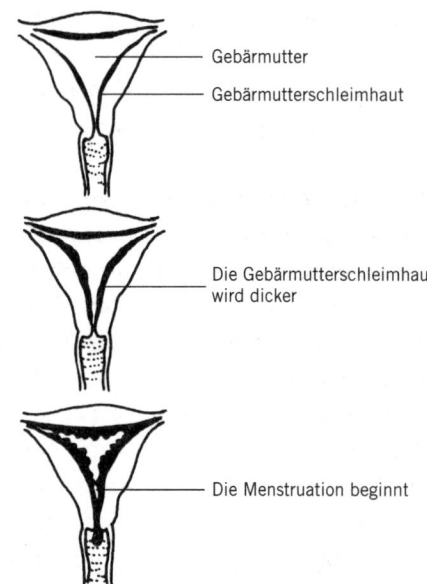

Gebärmutter

Gebärmutterschleimhaut

Die Gebärmutterschleimhaut wird dicker

Die Menstruation beginnt

unten in der Gebärmutter. Von dort aus tropft die Flüssigkeit in die Scheide und langsam aus der Scheidenöffnung (siehe Abbildung 11). Dieses Zerfallen und Abstoßen der Gebärmutterschleimhaut wird Menstruation genannt, und wenn die Menstruationsflüssigkeit aus der Scheidenöffnung tropft, heißt das, dass eine Frau ihre Periode oder ihre Tage bzw. ihre Regel hat.

Die Blutmenge, die während einer Periode ausgeschieden wird, ist unterschiedlich und beträgt etwa 60 bis 80 Milliliter. Das Blut verlässt auch nicht auf einmal den Körper, sondern tropft langsam heraus, sodass es einige Tage oder auch eine Woche dauern kann, bis die gesamte Flüssigkeit ausgeschieden ist.

Sobald die Blutung aufgehört hat, beginnt die Gebärmutter mit dem Aufbau einer neuen Schleimhaut, um sich auf die nächste reife Eizelle vorzubereiten. Wenn auch diese Eizelle nicht befruchtet wird, baut sich die Schleimhaut wieder ab, und eine neue Periode beginnt. Dieser Vorgang wiederholt sich nun über viele Jahre jeden Monat, ausgenommen die Zeiten, in denen eine Frau schwanger ist.

Alles, was du schon immer über ... wissen wolltest

Sicher hast du wie die meisten anderen Mädchen viele Fragen zu dem, was während der Pubertät in deinem Körper geschieht, aber es ist nicht immer leicht, diese Fragen zu stellen, weil man denkt, dass es peinlich sein könnte, oder Angst hat, ausgelacht zu werden, weil alle anderen sich besser auskennen.

Wenn es dir auch schon mal so gegangen ist, bist du nicht die Einzige, und deshalb spielen wir in meiner Klasse hin und wieder ein Spiel, das heißt »Alles, was du schon immer über ... wissen wolltest, dich aber nicht zu fragen traust«. Dazu gehört, dass wir am Anfang der Stunde Zettel verteilen, auf die jeder anonym seine Fragen schreiben kann und die in ein verschlossenes Kästchen kommen, das nur ich öffnen darf. Dann lese ich die Fragen vor und beantworte sie, so gut ich kann. Wenn ich es nicht weiß, bemühe ich mich, die Antwort bis zur nächsten Stunde herauszufinden.

Hier sind einige der häufigsten Fragen aus unserem Kasten, auf die wir in den folgenden Kapiteln eingehen werden:

- Was ist, wenn man gesagt hat, dass man seine Tage hat, ohne dass es stimmt?
- Kann man einen BH tragen, obwohl man eigentlich noch gar keinen braucht?
- Was kann ich tun, damit die anderen sich nicht mehr über meinen Busen mokieren?
- Wie sage ich meiner Mutter, dass ich einen BH möchte?
- Wann bekommt man einen Busen und Schamhaare?

- Bei mir wächst nur eine Brust, aber die andere Seite ist völlig flach. Werde ich dann schief?
- Wie groß werde ich mal sein?
- Was ist das klebrige Zeug in meinem Slip?
- Was passiert, wenn ich meine Periode in der Schule bekomme?
- Tut es weh, wenn man seine Tage hat?
- Sind Tampons oder Binden besser?
- Was kann man gegen Pickel tun?

Kapitel 2
Der Busen – ein Handbuch für seine Besitzerin

Ich erinnere mich zwar nicht mehr an den Moment, als mir auffiel, dass mein Busen wuchs, aber ich erinnere mich noch gut an das erste Mal, als es andere gemerkt haben. Damals war ich zum Babysitten bei siebenjährigen Zwillingsmädchen, und die beiden waren ganz lieb, solange ihre Eltern noch da waren. Aber sobald sich die Tür hinter ihnen geschlossen hatte, sprangen sie schon auf meinen Schoß.

»Du kriegst ja einen Busen. Zeig doch mal, zeig doch mal«, riefen sie und zerrten wie wild an meiner Bluse. »Wir wollen auch einen Busen haben!«

Schließlich schaffte ich es, mich von ihnen zu befreien und meine Bluse wieder zuzuknöpfen, aber ich fand es schrecklich peinlich und war furchtbar verlegen. Vielleicht bist du ja ebenso neugierig wie diese Zwillinge, vielleicht aber auch genauso entsetzt, wie ich es damals war. Doch wie auch immer – früher oder später wird dein Busen zu wachsen beginnen, und das ist oft das erste Zeichen dafür, dass die Pubertät eingesetzt hat. Bei vielen Mädchen erscheinen aber auch zunächst die Schamhaare und bei manchen sprießen als Erstes die Haare unter den Achseln. Mitunter wachsen aber auch Busen, Schamhaare und Achselhaare gleichzeitig.

Warum bekommt man einen Busen?

Auf beiden Seiten des Brustkorbs befindet sich jeweils eine Brustwarze und ein Warzenhof. Die Brustwarze ist die runde Erhebung in der Mitte der Brust und kann hellrosa bis dunkelbraun sein, der Warzenhof ist der farbige Ring rund um die Brustwarze (siehe Abbildung 12). Brustwarze und Warzenhof sind sehr empfindlich: Bei Kälte, Berührung und sexueller Erregung können sich die Brustwarzen zeitweise zusammenziehen und sich aufrichten, und auch der Warzenhof kann sich zusammenziehen und hart werden.

In der Kindheit ist nur die Brustwarze leicht erhöht, während der Rest der Brust flach ist. In der Pubertät schwellen die Brüste dann langsam an, bis sie sich irgendwann sichtbar vom Brustkorb abheben.

Das Innere der Brust besteht bei erwachsenen Frauen aus Fettgewebe, Milchdrüsen und Milchgängen. Nach der Geburt eines Babys beginnt sich in den Milchdrüsen Milch zu bilden, die dann durch die Milchgänge zur Brustwarze läuft. Diese hat ungefähr zwanzig winzige Öffnungen, und beim Stillen saugt das Baby so lange daran, bis die Milch austritt.

Wenn also dein Busen in der Pubertät zu wachsen beginnt, macht sich dein Körper bereit für eine Zeit, in der du vielleicht selbst mal ein Kind bekommst. Allerdings können deine Brüste jetzt noch keine Milch bilden, sondern erst dann, wenn du tatsächlich ein Kind geboren hast.

Die fünf Phasen der Brustentwicklung

Die Mediziner teilen das Wachstum der Brust in fünf Phasen ein, wie sie in Abbildung 14 gezeigt werden. Anhand dieser Zeichnung kannst du sehen, in welcher Phase du dich gerade befindest.

Brustwarze
Warzenhof

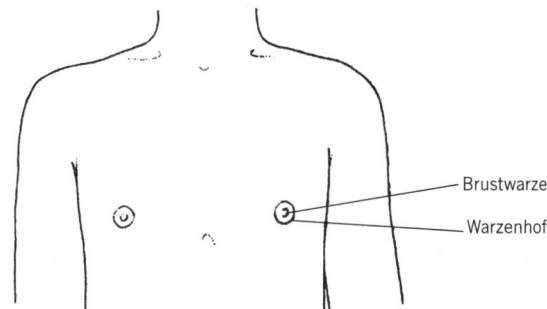

Abb. 12: **Brustwarze und Warzenhof.** Diese Abbildung zeigt die Brustwarze und die Brustwarze eines Mädchens, dessen Brustentwicklung noch nicht begonnen hat.

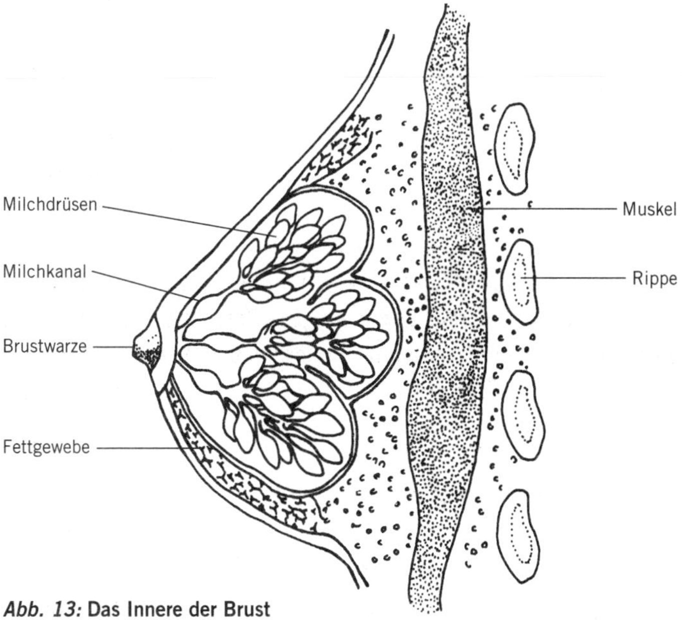

Milchdrüsen
Milchkanal
Brustwarze
Fettgewebe
Muskel
Rippe

Abb. 13: **Das Innere der Brust**

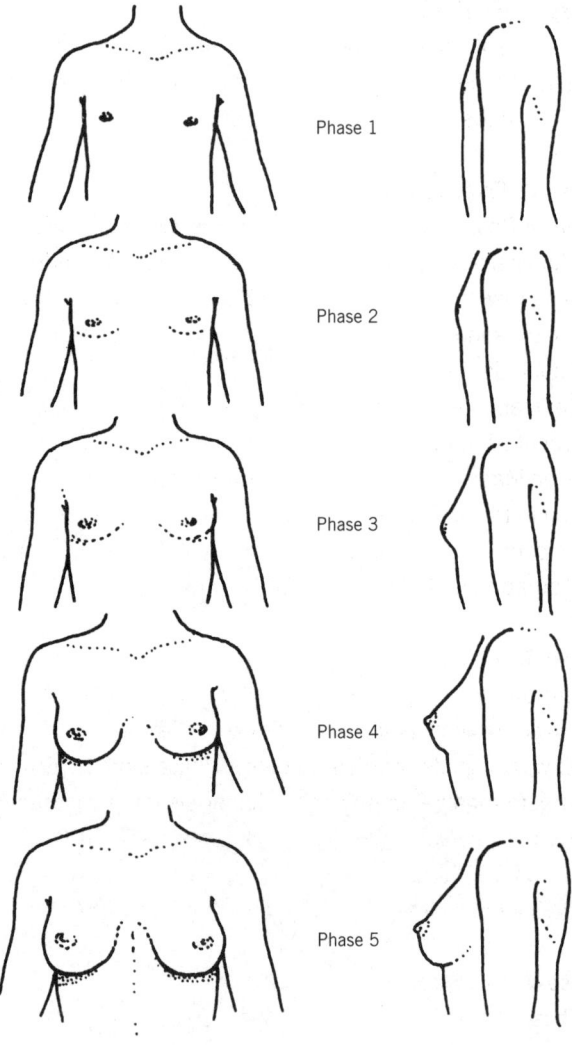

Phase 1

Phase 2

Phase 3

Phase 4

Phase 5

Abb. 14: Die fünf Phasen der Brustentwicklung

Phase 1: Kindheit

Das ist die Kindheitsphase vor der Pubertät. Die Brustentwicklung hat noch nicht begonnen, und die Brustwarzen sind der einzige Teil, der sich vom Körper abhebt.

Phase 2: Erste Brustknospen

In dieser Phase bildet sich unter den Brustwarzen eine kleine flache knopfartige Brustknospe, die Fettgewebe, Milchdrüsen und anderes Gewebe enthält. Diese Brustknospe hebt die Brustwarze etwas an, sodass diese sich vom Brustkorb abzuheben beginnt, und auch der Warzenhof wird jetzt größer.

Bei manchen Mädchen beginnt diese Phase schon mit sieben oder acht Jahren, bei anderen erst mit knapp 14 Jahren, aber die meisten Mädchen kommen im Alter zwischen achteinhalb und elf Jahren in Phase 2. Sie kann einige Monate, aber auch eineinhalb Jahre oder noch länger dauern (weitere Informationen dazu findest du ab Seite 87ff.).

Phase 3: Sichtbares Wachstum

Brüste und Warzenhöfe wachsen weiter und stehen noch sichtbarer vom Brustkorb ab. Jetzt merkst du vielleicht, dass auch die Brustwarzen größer werden. In dieser Phase sind die Brüste zwar fertig geformt, aber immer noch kleiner als im Erwachsenenalter.

Bei den meisten Mädchen geschieht dies im Alter zwischen zehn und 13 Jahren, manche sind aber auch jünger bzw. älter. Phase 3 kann einige Monate, aber auch bis zu zwei Jahre dauern.

Phase 4: Das Wachstum geht weiter

In Phase 4 setzt sich das Wachstum von Warzenhof und Brustwarzen fort. Die Brüste heben sich jetzt deutlich vom Brustkorb ab und sind meist spitz oder kegelförmig.

Einige Mädchen lassen Phase 4 aus und gehen direkt zur fünften Phase über, bei anderen entwickeln sich die Brüste nie über Phase 4 hinaus, und bei manchen heben sie sich erst in Phase 5 sichtbar vom Brustkorb ab (Abbildung 15 zeigt das unterschiedliche Wachstum von Brustwarzen und Warzenhof in Phase 3, 4 und 5).

Die meisten Mädchen kommen im Alter von zwölf bis 14 Jahren in Phase 4, die acht Monate bis zwei Jahre dauern kann. Aber wie bei den anderen Phasen gibt es auch manche Mädchen, die in dieser Phase noch jünger bzw. schon älter sind.

Phase 5: Erwachsene Frau

In Phase 5 bilden Brustwarze und Warzenvorhof keine separate Vorwölbung mehr wie in Abbildung 15. Die Brüste sind nun voll entwickelt, wachsen aber bei einigen Mädchen auch jetzt noch etwas weiter. Doch selbst wenn die Brüste jetzt ihre endgültige Größe erreicht haben, müssen sie trotzdem nicht groß sein, und es gibt viele Frauen, deren Brüste kleiner sind als die hier abge-

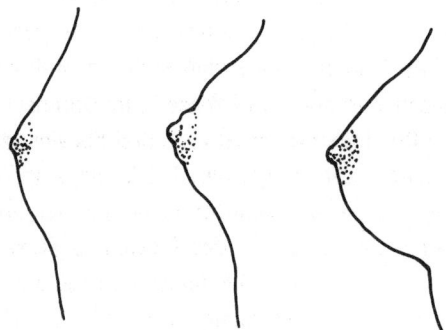

Abb. 15: **Brustwarze und Warzenhof in Phase 3, 4 und 5.** In Phase 3 und 4 bilden die Brustwarze und der Warzenhof eine separate kleine Vorwölbung, die sich von der restlichen Brust abhebt.

bildeten (mit dem Thema Brustgröße beschäftigen wir uns noch auf den nächsten Seiten).

Die meisten Mädchen erreichen Phase 5 im Alter von 13 bis 16 Jahren, bei manchen Mädchen beginnt sie aber auch schon früher bzw. später.

Busen und erste Periode

Die meisten Mädchen bekommen ihre erste Periode, während sie sich gerade in Phase 3 oder 4 der Brustentwicklung befinden, manche Mädchen haben ihre Periode aber auch erst in Phase 5, und einige wenige bekommen sie schon in Phase 2. Wenn allerdings bei dir Blutungen auftreten sollten, noch ehe du in Phase 2 bist, solltest du zu deiner Ärztin oder deinem Arzt gehen und dich untersuchen lassen, da dann eventuell eine Hormonstörung vorliegen kann (siehe Seite 158).

Dauer, Tempo und Größe

Die Zeit von den ersten erkennbaren Brustknospen in Phase 2 bis zur voll entwickelten Brust in Phase 5 kann unterschiedlich lange dauern. Bei einigen Mädchen ist das gesamte Brustwachstum innerhalb von 18 Monaten abgeschlossen, bei anderen liegen sechs Jahre zwischen Phase 2 und Phase 5. Im Durchschnitt entwickelt sich die Brust aber innerhalb von drei bis vier Jahren.

Viele glauben, dass Mädchen, die sich früher entwickeln als andere, in ihrer Entwicklung auch schneller sind als ihre Altersgenossinnen. Aber der Zeitpunkt des Entwicklungsbeginns hat nichts mit dem Tempo zu tun. Die Tatsache, dass die Entwicklung früh einsetzt, heißt also nicht, dass sie auch früh abgeschlossen sein muss.

Eine frühe oder späte Entwicklung hat auch nichts damit zu tun, wie groß der Busen später mal sein wird. Ein Mädchen, bei dem die Entwicklung der Brust schon früh beginnt, kann zum Schluss einen großen, mittelgroßen oder kleinen Busen haben. Das Gleiche gilt auch für Mädchen, deren Brust erst spät zu wachsen beginnt, und ebenso für die, bei denen sich der Busen im Durchschnittsalter entwickelt.

Zu früh – zu spät?

Viele Mädchen finden es toll, wenn sie einen Busen bekommen, anderen ist das total unangenehm:

»Ich hab mich unheimlich gefreut, als mein Busen endlich zu wachsen anfing. Erst sind die Brustwarzen größer geworden und dann die Brüste. Als es alle sehen konnten, bin ich vor Stolz fast geplatzt und hab mich schon richtig erwachsen gefühlt.« *Sharon, 14 Jahre alt*

»Damals war mir das alles so peinlich, dass ich mir manchmal einen Verband umgewickelt habe, damit mein Busen wieder flach wird. Meine Jacke oder den Mantel behielt ich immer möglichst lange an, und ich hab auch nur ganz weite Pullis und T-Shirts angezogen. Heute kann ich darüber lachen, aber damals fand ich das überhaupt nicht witzig.« *Nadine, 22 Jahre alt*

»Bei mir war alles ganz normal, und ich hab mich gefreut, als ich endlich einen Busen bekam, aber irgendwie war es mir auch peinlich, besonders in der Schule.« *Katharina, 13 Jahre alt*

Für manche war es auch schlimm, dass sie ihren Busen erst so spät bekamen:

»Bis ich 16 war, hatte ich überhaupt keinen Busen. Alle anderen Mädchen hatten da schon längst einen BH, nur ich nicht, und ich fand das alles so schrecklich, dass ich im Sommer nicht mehr mit den anderen zum Schwimmen ging. Schließlich kaufte mir meine Mutter einen BH mit Einlage, und irgendwann fing's dann auch bei mir endlich an, aber bis dahin ging's mir richtig schlecht.«

Lisa, 21 Jahre alt

»Bei mir war bis 17 gar nichts zu sehen! Ich hab schon gedacht, dass irgendwas nicht stimmt und ich vielleicht ein verkappter Mann wäre. Schlimm war auch, wie sie mich dafür in der Schule fertig gemacht haben. Die Jungs haben mich immer nur Bügelbrett genannt, weil ich so flach war.« *Elena, 19 Jahre alt*

Wenn man diese Aussagen liest, stellt sich natürlich schnell die Frage nach dem »richtigen« Alter. Aber ein »richtiges Alter« gibt es nicht, denn Mädchen können sich je nach Anlage und Typus in sehr unterschiedlichen Altersstufen entwickeln, und dies geschieht genau dann, wenn es für ihren Körper richtig ist.

Falls du also meinst, dass du zu früh dran bist, denk daran, dass die anderen Mädchen dich irgendwann garantiert einholen werden. Und wenn du unglücklich bist, weil all deine Freundinnen schon weiter sind als du, kannst du dich vielleicht mit dem Gedanken trösten, dass es auch bei dir ganz sicher irgendwann passieren wird. Noch ein Tipp: Wenn du glaubst, dass du zu früh oder zu spät dran bist, lies am besten auch bei »Früher oder später?« auf Seite 155ff. nach.

Zu groß – zu klein?

In unserer Gesellschaft legen manche sehr viel Wert auf einen großen Busen und tun so, als ob ein großer Busen besser wäre als ein kleiner. Aber kleine Brüste können später genauso gut Milch bilden wie große und sich genauso gut anfühlen, wenn sie berührt und gestreichelt werden. Ein kleiner Busen ist auch genauso schön wie ein großer, denn was man als schön empfindet, ist wie der Unterschied zwischen blonden oder braunen Haaren: Einigen Menschen gefällt eben ein großer Busen besser, anderen ein kleiner.

In der Werbung und auf den Bildern in Zeitschriften, im Film und im Fernsehen gibt es allerdings so viele Frauen mit großem Busen, dass man leicht auf den Gedanken kommen könnte, ein großer Busen wäre attraktiver als ein kleiner – aber du würdest dich vermutlich wundern, wenn du wüsstest, wie viele Menschen das anders sehen. Außerdem ist jemand, der dich nach der Größe deines Busens beurteilt, sowieso nicht wert, dass man sich mit ihm abgibt.

Trotzdem gibt es immer noch viele Mädchen und Frauen, die Probleme mit ihrem Brustumfang haben. Manche Frauen mit sehr kleinem Busen sind so unglücklich darüber, dass sie die Brüste operativ vergrößern lassen. Bei Frauen mit sehr großem Busen kann es dagegen sein, dass er die ganze Körperhaltung beeinträchtigt und zu Rückenschmerzen führt, sodass die Brüste in einer Operation verkleinert werden.

Was tun bei Brustproblemen?

Manchmal kann die Brust während des Wachstums jucken, empfindlicher sein als sonst oder sogar wehtun. Andere Mädchen fühlen kleine Knubbel in der Brust und machen sich Sorgen, dass sie vielleicht Brustkrebs haben könnten, und bei einigen werden die Brüste in den Wachstumsphasen auch unterschiedlich groß. Aber all diese Erscheinungen sind in der Pubertät völlig normal und kein Grund zur Sorge, wie du im folgenden Abschnitt lesen kannst.

Juckende, empfindliche oder schmerzende Brüste

»Ich war richtig fertig, denn anfangs hatte ich kleine Knubbel unter den Brustwarzen, die die ganze Zeit über wehtaten, besonders wenn ich mich irgendwo angestoßen habe. Sie waren auch plötzlich so empfindlich, dass ich schon dachte, mit mir stimmt was nicht.«

Melanie, 14 Jahre alt

Dieses Problem gibt es während der Pubertät relativ häufig, denn während die Brüste wachsen, jucken sie oft, sind meist sehr empfindlich und können sogar richtig wehtun. Das heißt aber nicht, dass irgendetwas nicht stimmt, sondern diese Beschwerden sind ein ganz normaler Teil des Brustwachstums und hören normalerweise von alleine wieder auf. Die Schmerzen sind meist auch nicht besonders auffällig – nur in seltenen Fällen, wenn starke Schmerzen auftreten, solltest du vorsichtshalber zu deiner Ärztin oder deinem Arzt gehen.

Ein weiterer Grund, warum der Busen an bestimmten Tagen besonders schmerz- und druckempfindlich sein kann, sind die hormonellen Schwankungen vor und während der Periode (weitere Informationen dazu findest du ab Seite 158).

Knoten in der Brust?

Die Brustknospen, wie sie in Phase 2 auf Seite 61 beschrieben wurden, fühlen sich zuerst wie ein kleiner Knopf unter der Brustwarze an. Manche Mädchen denken dann irrtümlicherweise, dass

So kannst du deine Brust schützen

Brustkrebs tritt, wenn überhaupt, bei Teenagern nur äußerst selten auf, aber die Ernährung in der Pubertät kann ein mögliches späteres Brustkrebsrisiko beeinflussen. Der Grund dafür ist, dass sich die Zellen in der Brust in den Jahren zwischen Pubertät und erster Schwangerschaft noch weiterentwickeln, sodass die Brüste in dieser Zeit besonders anfällig für die schädliche Wirkung von Krebs erregenden Stoffen sind, sei dies die Ernährung oder die Umwelt. Wenn man also in jungen Jahren zu viele dieser gefährlichen Substanzen zu sich nimmt, kann das später möglicherweise Krebs auslösen.

Wissenschaftler kennen die Ursache für Brustkrebs zwar immer noch nicht genau, aber was man sicher weiß, ist, dass eine sehr fetthaltige Ernährung – und dabei vor allem tierisches Fett – das Brustkrebsrisiko ebenso erhöhen kann wie auch starker Alkoholkonsum. Auf der anderen Seite lässt sich das Brustkrebsrisiko mit einer gesunden Ernährung, die viel Obst und Gemüse enthält – vor allem solches mit grünen Blättern – sowie mit regelmäßigem Sport erheblich verringern (mehr Informationen zu diesem Thema findest du auf Seite 119ff. Wenn du die Ratschläge beachtest, die du da findest, kannst du deine Brust in dieser wichtigen Lebensphase sehr gut schützen.

diese Knoten Brustkrebs bedeuten könnte, aber dieser Krebs tritt in dieser Pubertätsphase nie auf! Knoten unter der Brustwarze sind also bei Mädchen, deren Busen sich gerade entwickelt, völlig normal und gehören mit zum Erwachsenwerden. Doch auch etwas ältere Mädchen können während der Periode Probleme mit knotigen Brüsten haben, aber darüber sprechen wir später noch genauer (siehe Seite 162).

Unterschiedliche Brustgröße?

Manche Mädchen machen sich auch Sorgen, weil bei ihnen zuerst nur eine Brust wächst, andere sorgen sich, weil eine Brust größer als die andere ist:

»Eine Brust fing zwar an zu wachsen, aber die andere blieb völlig flach, und da bekam ich Angst, dass ich später nur einen Busen haben würde.«　　*Nelly, 14 Jahre alt*

»Beide mir war die eine Brust irgendwann viel größer als die andere. Ich war schon ganz fertig, weil ich dachte, dass ich dann auch später völlig schief sein würde.«　　*Rosi, 17 Jahre alt*

Diese Erscheinung ist ganz normal, denn mitunter entwickelt sich zuerst nur eine Brustknospe und die zweite folgt dann meist im Lauf der nächsten sechs bis zwölf Monate.

Völlig normal ist auch, wenn in der Wachstumsphase – meist zwischen Phase 2 und 4 – zuerst eine Brust größer ist als die andere. Wenn ein Mädchen dann Phase 5 erreicht hat, sind die Brüste in der Regel wieder gleich groß, und nur bei sehr wenigen bleibt ein erkennbarer Größenunterschied auch im Erwachsenenalter bestehen. In diesem Fall kann ein gefütterter BH oder ein BH mit Einlage (siehe Seite 77) den Unterschied ausgleichen, du kannst ihn später aber auch durch einen Schönheitschirurgen korrigieren lassen. Allerdings wird eine solche Operation normalerweise erst nach der Pubertät durchgeführt.

Eingezogene Brustwarzen

Bei dieser Besonderheit zeigt eine Brustwarze (es können auch beide sein) nach innen, das heißt, sie ist in den Warzenhof
eingesunken, anstatt sich abzuheben (siehe Abbildung 16). Eingezogene Brustwarzen sind oft schon bei der Geburt vorhan-

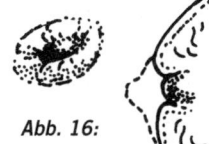

Abb. 16:
Eingezogene
Brustwarze

den, zeigen sich aber erst in der Pubertät, wenn die Brüste zu
wachsen beginnen. Es gibt auch Frauen mit »schüchternen«
Brustwarzen. Das bedeutet, dass eine Brustwarze oder auch beide in den Warzenhof einsinken, wenn sie stimuliert werden.

Du hast vielleicht gehört, dass eine Frau mit eingezogenen
Brustwarzen später nicht stillen kann, aber das stimmt nicht. Bei
vielen Frauen geht es trotzdem, und manche benutzen dann eben
einfach ein kleines Kunststoffhütchen.

Eingezogene Brustwarzen können jedoch zu Infektionen nei-
gen, weshalb es wichtig ist, sie immer sauber zu halten. Wenn
du dir nicht sicher bist, wie du eine eingezogene Brustwarze
wäschst, fragst du am besten deine Ärztin oder deinen Arzt. Auch
wenn eine Brustwarze nach der Pubertät plötzlich eingezogen ist,
solltest du zum Arzt gehen, damit er das überprüfen kann.

Ausfluss aus den Brustwarzen

Manche Mädchen machen sich Sorgen, weil aus einer oder beiden Brustwarzen eine weiße, klare oder gelbgrüne Flüssigkeit
austritt. Geschieht dies nur beim Zusammendrücken der Brustwarzen und auch nur gelegentlich, ist das ganz normal, denn mit
der Flüssigkeit werden die Milchgänge freigehalten. Allerdings
solltest du deine Brustwarzen nicht extra zusammendrücken, nur
um zu sehen, ob Flüssigkeit austritt. Das Drücken kann nämlich
dazu führen, dass sich dann noch mehr bildet.

Normalerweise muss man sich um einen solchen Ausfluss keine Gedanken machen. Manchmal kann aber auch eine andere Ursache dahinterstecken, sodass Ausfluss aus den Brustwarzen bei jungen Mädchen oder Frauen ärztlich überprüft werden sollte.

Der erste BH

»Ab wann soll ein Mädchen einen BH tragen?« – »Muss man überhaupt einen BH tragen?« Diese Fragen werden häufig gestellt, aber darauf lässt sich keine genaue Antwort geben, denn das kannst nur du selbst entscheiden.

Einige Mädchen tragen einen BH, weil es für sie bequemer ist, denn er stützt die Brüste und verhindert, dass sie sich beim Gehen zu sehr mitbewegen. Andere tragen einen BH, weil sie sich sonst komisch fühlen würden. Und wieder andere Mädchen entscheiden sich dafür, weil sie Angst haben, einen Hängebusen zu bekommen. Ein Hängebusen entsteht jedoch erst in späteren Jahren, wenn mehr Fettgewebe entsteht, und das kann kein noch so guter BH verhindern. Außerdem können Schwangerschaft und Stillen den Busen vergrößern und dehnen, was ebenfalls zur Erschlaffung des Gewebes beiträgt. (Vielleicht hast du schon Bilder von älteren Frauen mit Hängebrüsten aus anderen Kulturen gesehen. Doch hier sind meist die Mangelernährung und andere Faktoren der Grund, die zu dem Erschlaffen des Busens führen, und nicht ein fehlender BH.)

Manche Mädchen würden auch gern einen BH tragen, obwohl sie eigentlich noch keinen brauchen:

»Ich bin elf Jahre alt, und mein Busen ist noch nicht besonders groß. Eigentlich ist er sogar noch ziemlich flach. Findest du, dass es blöd ist, wenn ich jetzt schon einen BH trage?«   *Anna, 11 Jahre alt*

Meiner Meinung nach ist es überhaupt nicht blöd, einen BH zu tragen, ganz egal, wie flach ein Busen ist. Und solltest du von anderen ausgelacht werden, weil du einen BH trägst, den du eigentlich nicht brauchst, könntest du beispielsweise sagen:

»Ich gewöhne mich gerade daran.« Oder:»Unter T-Shirts mag ich einen BH lieber.« Oder:»Ich find es mit BH einfach bequemer.«

Manche Mädchen erzählen auch, dass es ihnen peinlich ist, den Eltern zu sagen, dass sie einen BH haben wollen. Ich rate ihnen dann immer, es trotzdem zu tun, denn vielleicht warten die Eltern darauf, dass ihre Tochter das Thema von sich aus anspricht und wollen sie nicht in Verlegenheit bringen. Oder sie sind noch gar nicht darauf eingestellt. Du könntest also beispielsweise sagen:»Also, wäre es okay für euch, wenn ich ab jetzt einen BH tragen würde?« Oder du kannst deine Mutter indirekt fragen:»Wie alt warst du eigentlich, als du deinen ersten BH bekamst?« Deine Eltern werden dann vielleicht antworten:»Aber du brauchst doch noch gar keinen BH.« Aber in diesem Fall könntest du beispielsweise sagen:»Kann schon sein, aber ich hätte trotzdem gerne einen.«

Den ersten BH kaufen

Wenn du deinen ersten BH kaufst, lass dich am besten von einer Fachverkäuferin beraten, denn sie kann dir dabei helfen, den richtigen BH-Typ und die richtige Größe zu finden. Eine solche Beratung ist natürlich kostenlos, und du musst auch nichts kaufen.

Die richtige BH-Größe

Die meisten BHs werden in verschiedenen Größen angeboten, zum Beispiel in 80 C oder 75 D. Die BH-Größe setzt sich zusammen aus Unterbrustweite und Körbchengröße.

- *Unterbrustweite:* Sie wird in Zentimeter angegeben und sagt aus, wie breit dein Körper unter der Brust ist.
- *Körbchengröße (Cup-Größe):* Sie wird in Buchstaben angegeben, nämlich AAA, AA, A, B, C, D, DD, E und EE. Dreimal A (AAA) ist die kleinste Körbchengröße, zweimal E (EE) die größte.

Bevor du losgehst, ist es ganz gut, wenn du eine ungefähre Vorstellung von deiner BH-Größe hast. Um die Größe zu ermitteln, brauchst du ein Maßband und am besten noch jemanden, der dir beim Messen hilft. Wenn du es selbst machen willst, stell dich mit freiem Oberkörper vor einen Spiegel. Steh dabei möglichst gerade und atme ganz normal, damit das Ergebnis nicht verfälscht wird.

- Miss jetzt zuerst deine Unterbrustweite, indem du das Maßband um deinen Brustkorb unter dem Busen legst, wie es in Abbildung 17 gezeigt wird. Achte dabei aber darauf, dass das Band gerade ist und am Rücken nicht nach oben verschoben

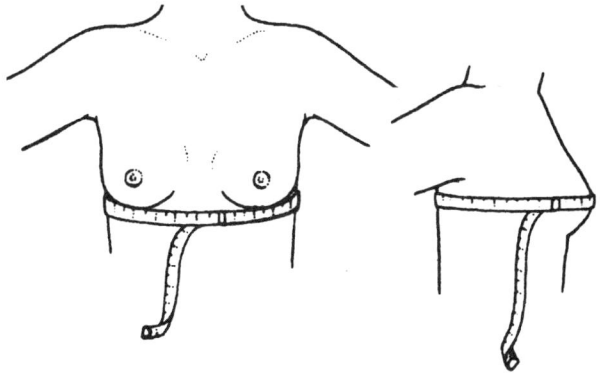

Abb. 17: Die richtige BH-Größe. Um deine BH-Größe zu bestimmen, misst du mit einem Maßband Unterbrustweite und Brustumfang.

wird. Das Band sollte außerdem am Brustkorb anliegen, aber nicht zu eng gezogen werden. Wenn du gemessen hast, addiere zu dieser Zahl 5 hinzu. Wenn du danach eine ungerade Zahl erhältst, addiere noch eine 1 hinzu. Zum Beispiel: Deine Unterbrustweite beträgt 64 Zentimeter. 64 plus 5 ergibt 69. 69 plus 1 ergibt 70. Deine Unterbrustweite ist demnach 70 Zentimeter.

- Dann misst du deine Körbchengröße. Lege dafür das Maßband an der Stelle um deinen Busen, wo er am größten ist – wahrscheinlich auf der Höhe der Brustwarzen (wie auf der zweiten Zeichnung in Abbildung 17 gezeigt). Jetzt weißt du auch deinen Brustumfang in Zentimetern.

Vergleiche dieses Maß nun mit deiner Unterbrustweite:

- Ist die Unterbrustweite größer als der Brustumfang, brauchst du Körbchengröße AAA.
- Sind Unterbrustweite und Brustumfang gleich, ist deine Körbchengröße AA.
- Ist die Unterbrustweite kleiner als der Brustumfang, richtest du dich nach diesem Schema:
  12–14 cm = A
  14–16 cm = B
  16–18 cm = C
  18–20 cm = D

Jetzt weißt du, welche BH-Größe du brauchst. Aber verlass dich nicht allein auf das Messen – man sollte einen BH immer zuerst anprobieren, ob er auch wirklich passt und sich bequem anfühlt, bevor man ihn kauft.

So bleibt der BH in Form

Ohne richtige Pflege verwandelt sich auch der teuerste BH bald in einen labberigen Stofflappen. Damit deine BHs elastisch und schön bleiben, brauchen sie eine besonders gute Behandlung:

- *Waschen:* Am schonensten für feinen Stoff ist die Handwäsche in lauwarmem Wasser. Bei Maschinenwäsche solltest du die Waschmaschine auf nicht mehr als 30 Grad einstellen. Damit der Stoff während des Waschens nicht ausleiert, kannst du außerdem einen Wäschebeutel benutzen, der Feinwäsche besonders gut schützt. Dabei wird der BH in den Beutel gesteckt, der dann zusammen mit der restlichen Wäsche in die Waschmaschine kommt. Verwende zum Waschen am besten ein Feinwaschmittel, aber nie ein Bleichmittel, denn dadurch wird die Elastizität des BHs stark beeinträchtigt.

- *Trocknen:* Baumwoll-BHs, Bügel-BHs oder BHs mit feiner Spitze solltest du nicht in den Trockner stecken, denn das Schleudern und die Hitze (auch bei niedrigster Stufe) kann zum Einlaufen, zu Schäden an den Bügeln oder zu anderen Abnutzungserscheinungen führen. Manche BHs aus Nylon können zwar im Trockner getrocknet werden, aber nur auf niedrigster Stufe (lies am besten vorher auf dem Etikett nach, ob er für den Trockner geeignet ist).

- *Und noch ein Tipp:* Gönne deinen BHs eine Pause! Man sollte denselben BH möglichst nicht mehr als zwei Tage nacheinander tragen, denn sonst nutzt sich das elastische Gewebe schnell ab.

Den richtigen BH finden

Es ist manchmal nicht ganz leicht, den richtigen BH zu finden, sodass du am besten zuerst verschiedene Größen, Stile und Marken ausprobierst, ehe du dich entscheidest.

- Wenn deine Brüste an den Seiten oder oben herausquellen, nimm einen BH mit größeren Körbchen. Wenn die Körbchen Falten werfen, ist er zu groß. Probier dann eine Größe kleiner, oder nimm einen anderen BH-Typ.

Sport-BHs

Wenn du häufig Sport treibst, solltest du dir einen Sport-BH zulegen. Diese BHs werden aus hautfreundlichem Material wie Baumwolle hergestellt, das den Körperschweiß aufsaugt, sodass man schön kühl bleibt.

Sport-BHs schränken die Bewegung des Busens auf zweierlei Weise ein: Es gibt Modelle, bei denen die Brüste leicht gegen den Brustkorb gedrückt werden und die sich am besten für kleine bis mittelgroße Busen eignen. Für größere Busen sind dagegen Sport-BHs mit geformten Körbchen besser geeignet.

Nicht gut sind BHs mit Nähten, die über den Brustwarzen verlaufen und deshalb Schmerzen oder Hautreizungen verursachen können. Ein BH darf unter den Armen, an den Rippen oder am Rücken auch nicht scheuern und die Häkchen sollten verdeckt sein, damit das Metall sich nicht in die Haut drückt. Die Träger dürfen außerdem nicht in die Schultern einschneiden. Spring beim Anprobieren am besten einige Male hoch und lauf auf der Stelle, um sicher zu sein, dass der BH richtig passt.

- Such dir einen BH mit verstellbaren Trägern. Dann lässt sich der BH noch besser an den Busen anpassen.
- Ein BH sollte gut sitzen, darf aber nicht zu eng sein. Optimal ist, wenn du noch zwei Finger unter dem Rückenteil hindurchstecken kannst.
- Das Rückenteil sollte nicht hochrutschen, sondern auf dem Rücken in einer geraden Linie verlaufen. Um zu überprüfen, ob der BH wirklich passt, hebst du am besten die Arme über den Kopf und klatschst einmal. Wenn der BH dabei nach oben rutscht, passt er nicht richtig.
- Auf der Vorderseite sollte die Mitte des BHs flach auf dem Brustbein aufliegen. Wenn er sich vom Brustbein abhebt, wenn die Träger in deine Schulter einschneiden oder die Bügel drücken, probier einen BH mit größerer Unterbrustweite aus.
- Wenn du einen BH findest, der dir gefällt, teste ihn ruhig auch in einer anderen Größe. Zum Beispiel einen, bei dem die Unterbrustweite eine Größe kleiner ist oder das Körbchen eine Nummer größer. Wenn du also beispielsweise einen BH in Größe 75 B gefunden hast, probier den gleichen BH auch in Größe 75 C und nimm dann den, der am bequemsten ist.

BH-Typen und Stile

Da Brüste sehr unterschiedliche Formen und Größen haben (siehe Abbildung 18), gibt es auch sehr unterschiedliche BHs:

- Gefütterte BHs oder BHs mit Einlagen aus Baumwolle oder Schaumgummi lassen die Brüste größer erscheinen (es gibt auch separate Einlagen für die Körbchen).
- Auch Push-up-BHs sind meist gefüttert und drücken die Brüste leicht zusammen, sodass sie größer wirken.
- Bei Bügel-BHs ist ein biegsamer Bügel als Stütze in den unteren Rand und in die Seiten des Körbchens eingenäht, der

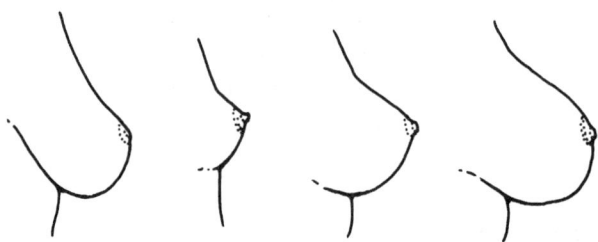

***Abb. 18:* Brustformen und -größen.** Brüste haben viele Größen und Formen

den Busen leicht nach oben schiebt, sodass er ebenfalls größer erscheint.

- BHs gibt es mit ganzen oder halben Körbchen, allerdings geben halbe Körbchen einem großen Busen mitunter nicht ausreichend Halt. BHs mit ganzen Körbchen lassen den Busen unter engen Pullovern oder T-Shirts runder erscheinen und verhindern, dass die Brust beim Laufen wippt.
- BHs mit weichen Körbchen haben keine Bügel und sind deshalb meist bequemer als Bügel-BHs, können dafür aber das Wippen der Brüste weniger gut verhindern.
- Es gibt auch BHs mit Nähten in den Körbchen. Sie heben den Busen ebenfalls etwas an und geben ihm eine schöne Form, unter engen Pullovern oder T-Shirts drücken sich die Nähte allerdings oft ab.

Was tun bei sexueller Belästigung?

Manche Mädchen machen während der Pubertät die Erfahrung, dass Geschwister, Freunde und Klassenkameraden unterschiedliche Kommentare zu ihrem Busen abgeben und Jungs oder Männer ihnen jetzt manchmal auf der Straße hinterherpfeifen. Einige Mädchen fühlen sich dadurch bestätigt, andere finden es blöd, auf diese Weise angemacht zu werden:

»Ich finde gar nichts daran, wenn mir die Jungs auf der Straße hinterherpfeifen, denn dann weiß ich, dass ich gut aussehe. Besonders toll finde ich's, wenn ich mit meiner Freundin oder meiner Gruppe unterwegs bin.«

Mia, 16 Jahre alt

»Ich hasse es, wenn die Jungs auf meinen Busen starren, pfeifen oder mir irgendwas Blödes hinterherrufen. Dann fühle ich mich wie ein Stück Fleisch und weiß überhaupt nicht, was ich machen soll. Vielleicht zurückschreien? Was würden die Jungs wohl sagen, wenn die Mädchen ihnen auf der Straße auf die Hose schauen und rufen würden: ›Hey, du hast ja einen coolen Schwanz.‹ – genauso, wie die das mit uns machen? Und wenn ich Kommentare höre, was für ›tolle Titten‹ ich habe, könnte ich jedes Mal in die Luft gehen.« *Rita, 14 Jahre alt*

Wie du mit dieser Art Belästigung umgehen kannst, hängt von der jeweiligen Situation ab. Wenn sie von Fremden kommt – zum Beispiel von Jungs, die gerade im Auto vorbeifahren –, ist es das Beste, sie einfach zu ignorieren. Oder wenn du beispielsweise auf deinem Schulweg an einer Baustelle vorbeikommst und die Männer, die dort arbeiten, dir jedes Mal hinterherpfeifen oder anzügliche Bemerkungen machen, wechsle am besten vorher die Straßenseite oder bitte deine Eltern, den Leuten klar zu machen, dass sie dich gefälligst in Ruhe lassen sollen.

Noch schlimmer kann es aber sein, wenn die anzüglichen Bemerkungen von Menschen kommen, die du kennst, wenn du also in der Schule, im privaten Umkreis oder von Nachbarn immer wieder auf unangenehme Weise angemacht wirst, was je nach Art auch als sexuelle Belästigung bezeichnet wird.

Sexuelle Belästigung kann viele Formen annehmen – mündlich, schriftlich oder körperlich. Dazu gehören »schmutzige« Witze oder Geschichten, Aufforderungen zu sexuellen Handlungen, zweideutige Kommentare zu deinem Körper, Bemerkungen oder Fragen zu früheren oder derzeitigen sexuellen Aktivitäten, das Verbreiten von Gerüchten über dich oder die Androhung von sexueller Gewalt, aber auch Graffitis, Briefe oder Fotos mit sexuellem Inhalt, zweideutige Gesten oder Blicke und körperliches Bedrängen wie Anfassen oder Grapschen.

Wenn dir das schon einmal passiert ist, solltest du dich dagegen wehren, denn kein Mensch – absolut niemand! – hat das Recht, anzügliche Bemerkungen oder zweideutige Annäherungsversuche zu machen, wenn du es nicht willst! Und das gilt für jeden – egal, ob es sich dabei um Klassenkameraden, Nachbarn, Lehrer oder andere Erwachsene handelt.

Wenn Jugendliche andere Mitschüler belästigen, nennt man das Belästigung durch Gleichaltrige, und in solchen Fällen heißt es dann nicht selten: »Ignorier das doch einfach.« Vielleicht klappt das ja auch, und die Belästigung hört auf. Aber in manchen Fällen geschieht dies erst, wenn jemand anders den Betreffenden damit konfrontiert und ihm sagt, dass er damit aufhören soll. Was du selbst tun kannst, wenn du belästigt wirst, hängt davon ab, wie oft es geschieht und wie ernst die Belästigung ist. Hier einige Vorschläge:

- Sag demjenigen, der dich belästigt, direkt ins Gesicht, dass er damit aufhören soll.
- Bitte deine Eltern, einen Lehrer oder einen anderen Erwachsenen, dem du vertraust, dir zu helfen (derjenige, der dich belästigt, hört vielleicht eher auf einen Erwachsenen).
- Schreib dem Betreffenden einen Brief (du kannst ihn mit der Post schicken, ihn selbst abliefern oder eine Freundin/einen

Freund oder auch einen Erwachsenen bitten, ihn zu übergeben).

- Melde das Problem deinem Schulrektor.
- Wenn du dich nicht traust, das Problem deinen Eltern oder einer anderen Vertrauensperson zu erzählen: Im Anhang auf Seite 243 findest du Kontaktadressen, an die du dich wenden kannst, ohne dass deine Eltern oder Lehrer davon erfahren, wenn du das nicht möchtest.

Kapitel 3
Schamhaare und andere Veränderungen

Im ersten Kapitel hast du die äußeren weiblichen Geschlechtsorgane kennen gelernt wie Venushügel, Klitoris und große und kleine Schamlippen. Auf den folgenden Seiten erfährst du noch mehr von der Vulva und darüber, was sich in diesem Bereich während der Pubertät verändert.

Eine der wichtigsten Veränderungen ist das Wachstum der Schamhaare, und für die meisten Mädchen sind die ersten zarten Härchen »da unten« und die Entwicklung der Brust das erste sichtbare Zeichen dafür, dass sie jetzt in der Pubertät sind.

Die ersten Schamhaare

Bei erwachsenen Frauen bedeckt das Schamhaar den Venushügel wie ein auf dem Kopf stehendes Dreieck und kann je nach Typus blond, braun, schwarz oder rot sein. Deine ersten Schamhaare sind wahrscheinlich noch relativ hell und dunkeln erst im Lauf der Pubertät nach. Zum Schluss sind sie so dunkel oder noch dunkler als dein Kopfhaar, können aber auch eine ganz andere Farbe haben.

Manche Frauen haben viel Schamhaar, andere weniger. Das hängt vom Typ und dem Familienhintergrund ab, aber auch die ethnische Herkunft kann eine Rolle spielen. So sagen zum Beispiel einige Experten, dass asiatische Frauen im Durchschnitt weniger Schamhaar haben als Frauen aus anderen Kulturkreisen.

Gemischte Gefühle

Bei vielen Mädchen sind die ersten Schamhaare das Zeichen dafür, dass sie in die Pubertät kommen. Manche finden das Wachsen der ersten Schamhaare aufregend, andere sind weniger glücklich darüber, und bei vielen ist es eine Mischung aus beidem:

»Neulich beim Baden habe ich gemerkt, dass da unten drei kleine krause Haare wachsen und fand das richtig cool.«   *Diana, 9 Jahre alt*

»Als ich zum ersten Mal gesehen habe, dass ich Schamhaare bekomme, fand ich das viel zu früh. Und als dann auch noch mein Busen anfing zu wachsen, kam's mir so vor, als ob ich plötzlich erwachsen wäre, obwohl ich doch eigentlich noch ein Kind bin.«   *Simone, 11 Jahre alt*

Auszupfen – nein danke!

»Ich hab diese krausen schwarzen Haare an mir entdeckt und wusste nicht, was das war. Also habe ich eine Pinzette genommen und sie einfach ausgezupft. Aber die Haare sind bald wieder nachgewachsen, und als es dann irgendwann immer mehr wurden, hab ich es gelassen.«   *Laura, 11 Jahre alt*

Wie Laura haben uns viele Mädchen erzählt, dass sie die ersten Schamhaare ausgezupft haben. Aber dadurch wird man die Schamhaare nicht los, denn sie wachsen bald wieder nach, und das Auszupfen von Schamhaaren tut ziemlich weh!

»Zuerst hatte ich Angst, dass ich jetzt plötzlich erwachsen sein müsste, anstatt weiter mit Jungs zu spielen und auf Bäume klettern zu können. Aber dann hab ich
gemerkt, dass ich immer noch alles genauso machen kann
wie früher.« *Janine, 12 Jahre alt*

Die fünf Phasen der Schambehaarung

Wie bei der Brustentwicklung unterteilen die Mediziner auch das
Wachstum der Schamhaare in fünf Phasen, wie sie in Abbildung
19 dargestellt sind. Dabei müssen die Phasen von Brustentwicklung (siehe Seite 58) und Schambehaarung einander nicht immer entsprechen. Du kannst zum Beispiel in Phase 2 der Brustentwicklung und in Phase 1 der Schambehaarung sein (oder umgekehrt), ohne dass du dir deshalb Sorgen machen müsstest,
denn das ist völlig normal. Wenn sich die Phasen von Brust- und
Schamhaarwachstum nicht entsprechen, ist der Unterschied in
der Regel nicht sehr groß, aber manchmal kann es auch anders
sein. So sind zum Beispiel manche Mädchen schon in Phase 4
der Brustentwicklung, bevor die ersten Schamhaare bei ihnen
wachsen, aber auch das ist völlig normal.

Phase 1: Kindheit

In der Kindheitsphase gibt es noch keine Schamhaare. Vielleicht
hast du stattdessen einige feine kurze Härchen auf der Vulva,
aber die sind dann ebenso hell und weich wie das Haar, das auf
dem Bauch oder an anderen Körperstellen wächst.

Phase 2: Das Wachstum beginnt

Jetzt beginnen sich die ersten Schamhaare zu zeigen. Sie sind
gerade oder nur ganz leicht geringelt und kaum dunkler, aber etwas härter und länger als die feinen Härchen aus Phase 1. Diese

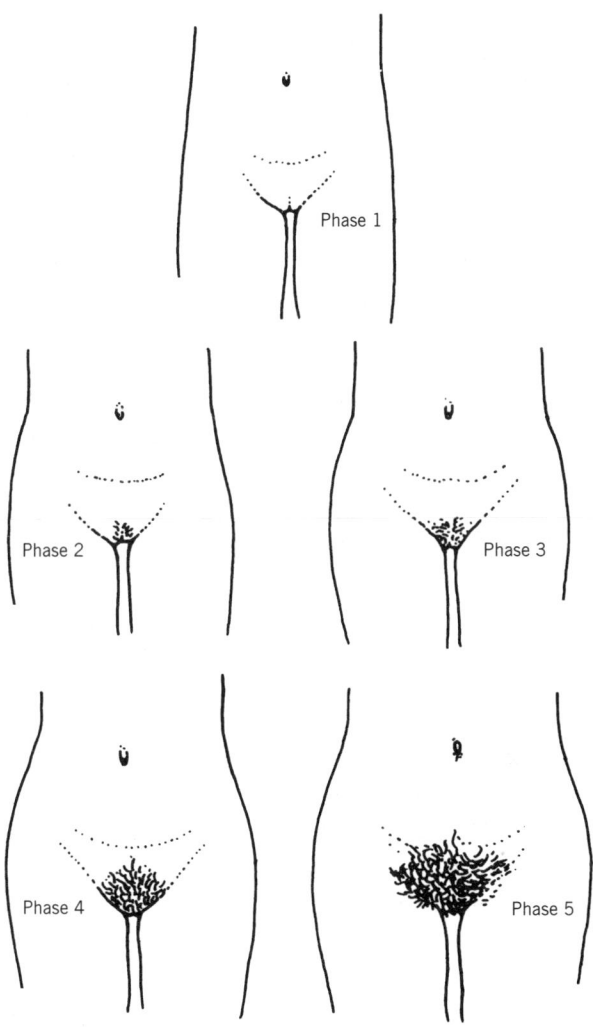

Phase 1

Phase 2

Phase 3

Phase 4

Phase 5

Abb. 19: **Die fünf Phasen der Schambehaarung**

ersten Haare wachsen in der Regel auf den Rändern der großen Schamlippen und es sind auch meist nur wenige, sodass du wahrscheinlich genauer hinschauen musst, um sie genau erkennen zu können.

Bei den meisten Mädchen wachsen die ersten Schamhaare im Alter zwischen achteinhalb und elf Jahren, manche Mädchen sind aber auch jünger oder älter. Phase 2 dauert normalerweise neun bis 16 Monate.

Phase 3: Das Wachstum geht weiter

In dieser Phase wächst das Schamhaar auf dem Venushügel und den großen Schamlippen – die meisten kannst du jetzt in der Mitte des Venushügels finden. Im Vergleich zur ersten Phase sind es jetzt schon mehr Haare, aber immer noch nicht sehr viele, und sie sind auch dunkler und stärker geringelt als vorher. Phase 3 kann einige Monate, zwei Jahre oder auch noch länger dauern.

Phase 4: Das Wachstum setzt sich fort

In dieser Phase gibt es bereits sehr viel mehr Schamhaare als in Phase 3, das jetzt den größten Teil des Venushügels bedeckt. Die einzelnen Haare sind dunkel, kraus und drahtig geworden, und man kann nun schon die endgültige Form des auf dem Kopf stehenden Dreiecks erkennen. In der Regel dauert Phase 4 sieben Monate bis zu zwei Jahren oder auch länger.

Phase 5: Das Wachstum ist abgeschlossen

Jetzt hat das drahtig-krause Schamhaar eine deutlich erkennbare Dreiecksform und kann sich auf beiden Seiten bis zu den Oberschenkeln ausdehnen, bei manchen Frauen reicht es sogar bis zum Bauchnabel oder zu den Oberschenkeln.

Abb. 20: Vor und während der Pubertät. Das Mädchen links ist knapp zwölf Jahre alt und noch nicht in der Pubertät. Das Mädchen rechts ist erst zehn, aber schon in Phase 3 der Brust- und Schamhaarentwicklung.

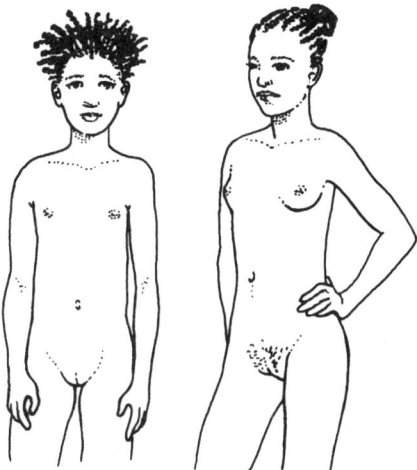

Schamhaare und erste Periode

Die meisten Mädchen haben ihre erste Periode, wenn sie gerade in Phase 3 oder 4 des Schamhaarwachstums sind. Es gibt aber auch Mädchen, die ihre Periode erst in Phase 5 bekommen, und manche haben ihre erste Regel schon in Phase 2 der Schambehaarung, was aber relativ selten ist.

Falls du deine Periode bekommst oder eine Blutung noch vor deinem Brust- oder Schamhaarwachstum hast, solltest du zu deiner Ärztin oder deinem Arzt gehen, um die Ursache abklären zu lassen.

Wann beginnt die Pubertät?

Die ersten Schamhaare oder das erste Wachstum der Brustknospen (oder beides) sind bei vielen Mädchen das erste äußere Zeichen, dass sie in die Pubertät gekommen sind. Einen offiziellen Zeitpunkt, wann das geschieht, gibt es aber nicht, denn jeder Mensch hat seinen ureigenen Entwicklungszeitplan.

Schau dir zum Beispiel mal die Mädchen in Abbildung 20 an, die beide in jeder Hinsicht völlig gesund und normal sind, bei denen es jedoch einen Unterschied gibt. Das Mädchen rechts ist erst zehn Jahre alt, aber ihre Pubertät hat bereits begonnen, denn sie ist jetzt schon in Phase 3 der Brust- und Schamhaarentwicklung. Das Mädchen links ist dagegen schon fast zwölf Jahre alt, ohne dass sich bei ihr irgendwelche Pubertätsmerkmale zeigen, aber beide entwickeln sich trotzdem in dem für sie richtigen Alter und zur richtigen Zeit.

Aber warum beginnt die Pubertät bei manchen Mädchen schon so früh und bei anderen erst so spät? Diese Frage lässt sich auch heute noch nicht eindeutig beantworten, aber manche Dinge weiß man inzwischen ziemlich sicher. So kann es beispielsweise für den Beginn der Pubertät eine Rolle spielen, wo du lebst: Mädchen, die hoch oben in den Bergen wohnen, kommen im Durchschnitt später in die Pubertät als Mädchen im Flachland. Aber auch die Ernährung kann den Zeitpunkt der Pubertät beeinflussen: Mädchen mit Mangelernährung entwickeln sich oft später als Mädchen, die sich gesund ernähren. Auf der anderen Seite kommen übergewichtige Mädchen meist früher in die Pubertät als normalgewichtige.

Auch der Familienhintergrund hat viel damit zu tun, wann die Pubertät bei dir beginnt: Wenn bei den Frauen in deiner Familie, also Mutter, Tanten, Großmütter, Cousinen, die Pubertät früh eingesetzt hat, ist es gut möglich, dass dies auch bei dir der Fall sein wird. Wenn du dagegen aus einer Familie stammst, in der sich die Frauen spät entwickelt haben, wirst wahrscheinlich auch du erst in die Pubertät kommen, wenn du schon etwas älter bist.

Das ist aber keine ganz feste Regel, denn du kannst dich auch von deiner Familie unterscheiden. Zum Beispiel kann bei einem Mädchen, deren Verwandte erst spät in die Pubertät gekommen sind, die Pubertät bereits im Durchschnittsalter oder sogar noch früher einsetzen. Möglich ist aber auch, dass die Frauen in deiner Familie unterschiedlich früh oder spät in die Pubertät gekommen sind. Oft ist es allerdings so, dass die Entwicklung von Frauen und Mädchen aus derselben Familie einander ähneln, sodass du deine Mutter, Tanten oder Großmütter fragen kannst, wann die Pubertät bei ihnen begonnen hat.

Mädchen von heute

Du kannst auch deshalb früher in die Pubertät kommen als deine Verwandten, weil das Wachstum von Brust und Schamhaaren heute im Durchschnitt etwa ein Jahr früher beginnt als noch vor zehn oder zwanzig Jahren, als die meisten Mädchen im Alter von elf oder zwölf Jahren in die Pubertät kamen. Das hat jedenfalls eine neuere amerikanische Studie gezeigt, bei der Tausende von Mädchen im Alter von drei bis zwölf Jahren befragt wurden. Dabei zeigte sich, dass bei sieben Prozent aller Mädchen die Entwicklung sogar schon im Alter von sieben Jahren eingesetzt hatte.

Aber egal, ob früher oder später – vergiss nicht, dass nicht alle dem Durchschnitt entsprechen, und selbst wenn es dann nicht immer leicht ist, anders zu sein als die anderen, denk einfach daran, dass es das »richtige« Alter nicht gibt. Die Pubertät wird bei dir genau dann anfangen, wenn es für deinen Körper richtig ist!

Bin ich normal?

Diese Frage stellt sich wohl jedes Mädchen irgendwann einmal in der Pubertät, und die Antwort lautet dann natürlich fast immer »ja«, aber manchmal kann auch eine körperliche Ursache der Grund dafür sein, dass sich die Pubertät verzögert oder zu früh beginnt. Und weil es nicht immer leicht ist zu wissen, was »zu früh« oder »zu spät« ist, wollen wir dir einige Hinweise geben, die dir bei der Entscheidung helfen können, ob vielleicht ein Besuch bei deiner Ärztin oder deinem Arzt ratsam sei, damit die Ursache für die Abweichung gefunden wird.

Allgemein kann man sagen, dass Mädchen, bei denen bis zum Alter von 14 Jahren noch keinerlei Pubertätsmerkmale erkennbar sind – die sich also an ihrem 14. Geburtstag noch in Phase 1 der Brustentwicklung und der Schambehaarung befinden (siehe Seite 61 und Seite 84) –, ärztlich untersucht werden sollten. Das Gleiche gilt für Mädchen, die vor dem Alter von sieben Jahren die ersten äußeren Pubertätsmerkmale aufweisen. Aber dies sind nur ungefähre Grenzwerte, an die du dich natürlich nicht halten musst: Wenn du das Gefühl hast, dass irgendetwas bei deiner körperlichen Entwicklung nicht stimmt, solltest du zu deiner Ärztin oder deinem Arzt gehen, ganz gleich, wie alt du bist. Wenn dann festgestellt wird, dass ein medizinisches Problem vorliegt, ist es gut, wenn es früh erkannt wird. Wenn nichts gefunden wird, kannst du dich freuen, dass alles in Ordnung ist.

Die Vulva – eine Besichtigung vor Ort

Jetzt gehen wir zurück zu den Veränderungen der Vulva. Abbildung 21 zeigt die Vulva eines Mädchens nach der Pubertät. Wenn du noch nicht in der Pubertät bist oder wenn sie gerade erst begonnen hat, sind die großen Schamlippen noch nicht mit Haaren bedeckt, die kleinen Schamlippen sind noch nicht gut zu erkennen und auch die Harnröhrenöffnung und Scheidenöffnung sind noch so winzig, dass man sie kaum sehen kann. In der Pubertät beginnt dann nicht nur das Wachstum des Schamhaars auf dem Venushügel, wie du im letzten Kapitel gesehen hast, sondern auch die großen und kleinen Schamlippen und die Klitoris werden jetzt größer. Größer werden nun auch die Harnröhren-

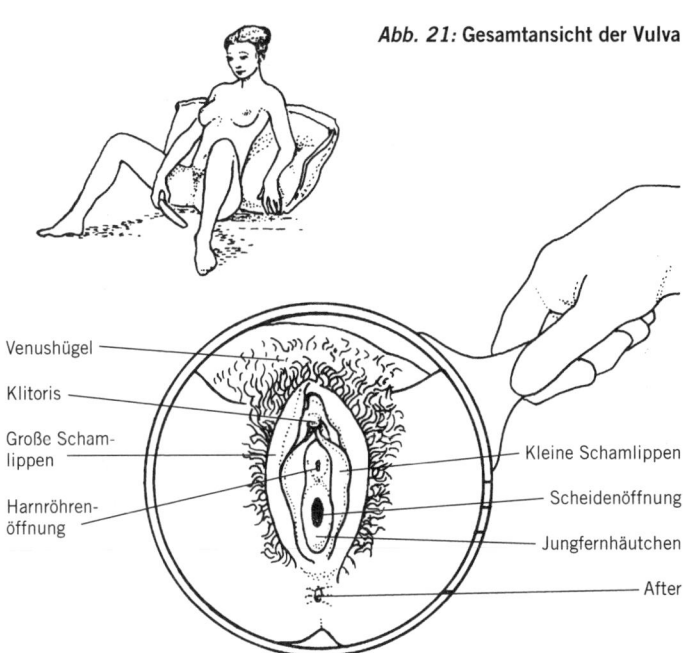

Abb. 21: **Gesamtansicht der Vulva**

Venushügel

Klitoris

Große Schamlippen

Harnröhrenöffnung

Kleine Schamlippen

Scheidenöffnung

Jungfernhäutchen

After

und Scheidenöffnung, sodass man sie leichter sehen kann, und auch das Jungfernhäutchen (Hymen), ein dünnes Häutchen in der Scheidenöffnung, lässt sich jetzt besser erkennen.

Wie du siehst, benutzt das Mädchen in Abbildung 21 einen Spiegel, um ihre Vulva zu betrachten, denn nur mit einem Spiegel kann man die verschiedenen Teile der Vulva an sich selbst genau erkennen. Wenn du deinen Körper mit dieser Zeichnung vergleichst, wirst du merken, dass deine Vulva wahrscheinlich nicht genauso aussieht wie auf dem Bild, denn jeder menschliche Körper unterscheidet sich ebenso vom anderen, wie sich Gesichter voneinander unterscheiden. Aber du kannst anhand der Zeichnung versuchen, die verschiedenen Teile deiner Vulva zu finden.

Mit etwas Übung werden sie dir bald genauso vertraut sein wie die Nase in deinem Gesicht.

Manche Mädchen finden es spannend, einen Spiegel zu benutzen, um den eigenen Körper genauer kennen zu lernen, andere fühlen sich dagegen gar nicht so wohl bei der Vorstellung, ihre Geschlechtsteile anzufassen oder anzuschauen, und manche Mädchen finden das sogar richtig unangenehm:

»Ich habe mich da unten schon oft angeschaut. Meine Mutter hat mir einen Spiegel gegeben und mir gezeigt, wie ich ihn halten muss. Außerdem hat sie mir Bilder gezeigt, damit ich weiß, wie ich einmal aussehe, wenn ich groß bin, und hat mir alle Namen dazu gesagt.«

Carla, 10 Jahre alt

»Zuerst fand ich das schon ein bisschen komisch, mir mit einem Spiegel alles da unten anzusehen, aber irgendwie war ich auch neugierig. Deshalb habe ich einfach mein Zimmer abgesperrt und mir das alles in Ruhe angeschaut. Heute bin ich froh, dass ich das gemacht habe, denn jetzt weiß ich mehr über mich, und dann ist das alles auch nicht mehr so geheimnisvoll.«

Rosi, 12 Jahre alt

»Wie eklig – das würde ich nie machen!« *Nicole, 11 Jahre alt*

Diese Ablehnung rührt vermutlich daher, dass manchen Mädchen immer noch beigebracht wird, ihre Geschlechtsteile seien »schmutzig« oder dass man »das da unten« nicht anschauen oder anfassen sollte. Aber auch wenn dir das noch nie gesagt wurde, kann es sein, dass du dich nicht wohl fühlst, wenn du deine Geschlechtsteile betrachten sollst. Das liegt dann vermutlich daran, dass die meisten Menschen nicht viel über ihre Geschlechtsorgane sprechen, und wenn keiner darüber spricht, dann muss es wohl etwas Unangenehmes sein, das man dann auch vermeidet.

Manche Menschen sind vielleicht auch unsicher, weil die Vulva ein Geschlechtsorgan ist und sie sich beim Thema Sexualität unwohl fühlen, und wieder andere glauben womöglich, dass die Geschlechtsorgane schmutzig sind, weil die Öffnungen, durch die Urin und Kot den Körper verlassen, genau in diesem Bereich liegen. Aber an der Vulva ist nichts unangenehm oder schmutzig – meist haben wir sogar mehr Bakterien im Mund als in diesem Bereich unseres Körpers!

Damit das alles noch etwas klarer wird, wollen wir jetzt zusammen mit dir auf den folgenden Seiten eine Besichtigung der Vulva unternehmen. Wenn es dir unangenehm ist, deine eigenen Geschlechtsorgane anzufassen oder zu betrachten, ist das überhaupt kein Problem. Dann lies einfach weiter, und schau dir die Zeichnungen an, denn du sollst nichts machen, womit du dich nicht wohl fühlst. Aber natürlich kannst du auch einen Spiegel nehmen und deinen Körper betrachten, während du weiterliest.

Der Venushügel

Mit unserer Besichtigungstour fangen wir am besten oberhalb der Vulva an und hier liegt der Venushügel, der aus einer Fettgewebeschicht besteht. Wenn du dich seitlich vor einen Spiegel stellst, kannst du den Venushügel sehen, denn er liegt wie ein Kissen auf dem Schambein, und wenn du leicht darauf drückst, kannst du das Schambein fühlen.

Wie du weißt, wächst mit Beginn der Pubertät das erste

Schamhaar auf dem Venushügel. Da auch die Fettschicht über dem Schambein in dieser Zeit dicker wird, kannst du die Wölbung des Venushügels in der Pubertät genau erkennen.

Die großen Schamlippen

Der untere Teil des Venushügels teilt sich in zwei Hautfalten, die als die großen Schamlippen bezeichnet werden. Während der Kindheit sind sie noch ziemlich flach und glatt, aber in der Pubertät werden sie durch das Fettgewebe, das sich jetzt bildet, zunehmend dicker und berühren sich dadurch meist irgendwann (nach einer Geburt oder im Alter können die großen Schamlippen auseinander klaffen). Auf der Innenseite der Schamlippen wachsen keine Schamhaare und ab der Pubertät kannst du hier kleine Erhebungen fühlen oder sehen. Das sind Talgdrüsen, die kleine Mengen Talg produzieren, um den Bereich feucht zu halten und die empfindliche Haut vor Hautreizungen zu schützen. Die großen Schamlippen haben auch besondere Schweißdrüsen, die ebenfalls erst in der Pubertät aktiv werden und eine Veränderung des Körpergeruchs bewirken (weitere Informationen dazu findest du auf Seite 136ff.). In der Kindheit ist dieser Bereich je nach Hauttyp meist hellrosa bis rot, er kann seine Farbe während der Pubertät aber noch ändern.

Die kleinen Schamlippen

Wenn du nun die großen Schamlippen auseinander ziehst, kannst du dazwischen die zwei kleinen Schamlippen erkennen, die während der Kindheit noch winzig sind und erst in der Pubertät wachsen, sodass man sie besser sehen kann. Wie die großen Schamlippen schützen sie den dazwischen liegenden Vulvabereich, und wie diese werden sie in der Pubertät meist etwas dunkler und faltiger.

Deutsche und lateinische Namen

Der Venushügel heißt auf lateinisch »mons veneris« – »mons« bedeutet »kleiner Hügel« und »veneris« bezieht sich auf Venus, die Liebesgöttin. Der Venushügel wird mitunter aber auch Schamberg genannt oder auf lateinisch »mons pubis«.

Die großen und die kleinen Schamlippen heißen »labia majora« und »labia minora«; »labia« ist das lateinische Wort für Lippen, und »majora« heißt größer bzw. »minora« kleiner. Das ist deshalb sinnvoll zu wissen, weil die Körperteile in vielen medizinischen Fachbüchern meist nur auf lateinisch angegeben sind.

Abbildung 22 zeigt die kleinen Schamlippen von verschiedenen Frauen. Bei den meisten Frauen sind die kleinen Schamlippen wirklich kleiner als die großen Schamlippen, bei einigen ragen sie aber auch über diese hinaus. Die kleinen Schamlippen sind meist gleich groß und bleiben wie die großen Schamlippen auch nach der Pubertät unbehaart. Außerdem sind sie wie diese mit Talgdrüsen ausgestattet, die ab der Pubertät etwas Talg produzieren, um die empfindliche Haut in diesem Bereich immer leicht feucht zu halten.

Die Klitoris

Wenn du nun dem Verlauf der kleinen Schamlippen bis zum Venushügel folgst, siehst du, dass da, wo sie zusammentreffen, der Kopf der Klitoris liegt, die auch Kitzler genannt wird (siehe Abbildung 23). Bei erwachsenen Frauen ist die Klitoris meist so groß wie ein Radiergummi auf einem Bleistift. Eine Gewebefalte

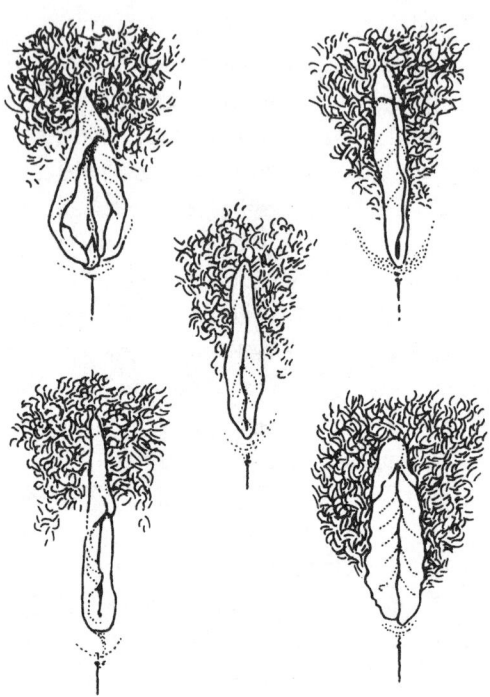

Abb. 22: Die kleinen Schamlippen. Die kleinen Schamlippen können sehr unterschiedlich aussehen.

über dem Kopf der Klitoris bildet ein Häubchen, das den Kopf der Klitoris teilweise oder vollständig bedeckt, sodass du das Häubchen wahrscheinlich erst zurückziehen musst, damit du sie vollständig sehen kannst. Wenn du die Haut über der Klitoris herunterdrückst, kannst du außerdem einen gummiartigen Strang unter der Haut fühlen. Das ist der Schaft, also der untere Teil der Klitoris.

Die Klitoris hat zahlreiche Nervenenden, die die Klitoris und den umliegenden Bereich sehr empfindlich für direkte oder indi-

Abb. 23:
Die Klitoris

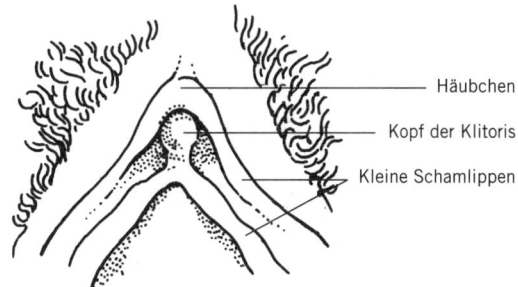

Häubchen

Kopf der Klitoris

Kleine Schamlippen

rekte Berührung oder Druck machen. Wird dieser Bereich berührt, löst dies ein Prickeln und sexuelle Erregung aus. Am Ende dieses Kapitels werden wir noch genauer über sexuelle Erregung sprechen, aber jetzt machen wir erst einmal mit unserer Besichtigung der Vulva weiter.

Die Harnröhrenöffnung

Wenn man von der Klitoris aus mit dem Finger nach unten fährt, kommt man zur Harnröhrenöffnung, durch die der Harn (Urin) den Körper verlässt. In der Pubertät wird die Harnröhrenöffnung, die wie ein auf den Kopf gestelltes V aussehen kann, etwas größer. Auf beiden Seiten der Harnröhrenöffnung befinden sich winzige Öffnungen, hinter denen je eine Drüse liegt. Diese Drüsen produzieren etwas Flüssigkeit, um den Bereich feucht zu halten. Bei manchen Frauen oder Mädchen sind die Drüsenöffnungen so klein, dass man sie nicht sehen kann, bei anderen dagegen so groß, dass man sie mit der Harnröhrenöffnung verwechseln kann.

Die Scheidenöffnung

Wenn du die Harnröhrenöffnung gefunden hast, brauchst du von da aus nur noch mit dem Finger in gerader Linie nach unten zu fahren, und schon bist du bei der Scheidenöffnung. Bei Kindern ist diese Öffnung noch relativ klein, doch wenn die Scheide in der Pubertät zu wachsen beginnt, wird auch sie größer.

Scheidenöffnung und Scheide sind wie ein Ballon, die sich auf das Vielfache ihrer Größe erweitern und so weit ausdehnen können, dass der Penis eines Mannes hineinpasst. Bei der Geburt eines Kindes dehnen sie sich sogar noch weiter aus, wenn das Baby durch die Scheide ins Freie geschoben wird, ansonsten aber liegen die Innenwände der Scheide flach aneinander.

Das Jungfernhäutchen

Das Jungfernhäutchen (Hymen) ist ein dünnes Häutchen in der Scheidenöffnung, kann verschieden groß sein und auch sehr unterschiedlich aussehen: Manche Jungfernhäutchen sind nicht mehr als ein schmaler Geweberand, der sich wie ein Ring um die Scheidenöffnung legt, andere erstrecken sich über die ganze Scheidenöffnung oder einen Teil davon und haben eine oder mehrere Öffnungen, durch die das Menstruationsblut während der Periode den Körper verlässt.

Wenn du noch nicht in der Pubertät bist, ist das Jungfernhäutchen meist noch sehr dünn. Erst während der Pubertät wird es dicker, uneben und faltig, sodass man es besser von den Scheidenwänden unterscheiden kann.

Bei Frauen und Mädchen, die schon Geschlechtsverkehr hatten, sieht das Jungfernhäutchen anders aus als in Abbildung 24, denn beim ersten Geschlechtsverkehr verursacht der erigierte Penis meist eine Dehnung des Jungfernhäutchens oder reißt es etwas ein. Dabei kann ein wenig Blut fließen, und das Dehnen kann sich auch kurzzeitig etwas unangenehm oder schmerzhaft anfühlen, doch das dauert nicht lange. Danach besteht das Jungfernhäutchen häufig nur noch aus einigen Gewebestückchen oder einem unebenen Geweberand.

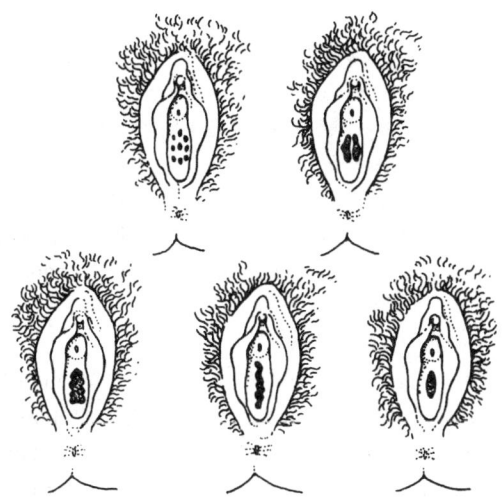

Abb. 24: Das Jungfernhäutchen. Das Jungfernhäutchen kann ein bis zwei größere oder mehrere kleine Öffnungen haben.

In der Regel wird das Jungfernhäutchen beim ersten Geschlechtsverkehr gedehnt oder eingerissen, in sehr seltenen Fällen kann dies aber auch durch einen Unfall oder eine Verletzung geschehen. Vielleicht hast du auch schon mal gehört, dass Reiten, Gymnastik oder andere Sportarten zum Dehnen oder Einreißen des Jungfernhäutchens führen können, aber neuere Untersuchungen haben gezeigt, dass das nicht stimmt.

Der After

Zum Schluss unserer Erkundungstour kommen wir jetzt zum After, der unterhalb der Scheidenöffnung liegt und durch den der Kot aus dem Körper ausgeschieden wird. In der Pubertät wird die Haut um den After meist etwas dunkler und die Schambehaarung kann sich bis zu diesem Bereich ausdehnen.

Was kann der Arzt merken?

»Kann eine Ärztin oder ein Arzt bei der Untersuchung des Jungfernhäutchens erkennen, ob man schon Geschlechtsverkehr hatte?«
Miriam, 14 Jahre alt

Diese häufig gestellte Frage lässt sich ganz einfach beantworten: Kein Arzt kann aufgrund des Zustands des Jungfernhäutchens sicher feststellen, ob ein Mädchen schon einmal Geschlechtsverkehr hatte. Ein unversehrtes Jungfernhäutchen kann zwar ein Hinweis sein, dass das Mädchen noch keinen Sex gehabt hat, ist aber kein Beweis, denn manche Mädchen haben bereits Geschlechtsverkehr, ohne dass ihr Jungfernhäutchen sich dabei dehnt oder einreißt. Das Gleiche gilt auch umgekehrt: Ein gedehntes oder eingerissenes Jungfernhäutchen lässt zwar vermuten, dass das Mädchen bereits Sex gehabt hat, bei manchen Mädchen sieht das Jungfernhäutchen aber auch gedehnt oder eingerissen aus, obwohl sie noch nie Geschlechtsverkehr hatten. Der Zustand des Jungfernhäutchens ist also in der Regel noch kein Beweis, dass jemand Geschlechtsverkehr hatte.

Masturbieren

In der Pubertät kann die Vulva sehr empfindlich auf sexuelle Erregung reagieren, und besonders die Klitoris und der Klitorisbereich können die Quelle für starke sexuelle Empfindungen sein.

Wenn man die eigenen Geschlechtsorgane berührt, streichelt oder auf andere Weise stimuliert, um sexuelle Lust zu erfahren, nennt man das Masturbieren, Onanieren oder Selbstbefriedigung. Frauen und Mädchen masturbieren meistens, indem sie die Klitoris oder andere Teile der Vulva berühren, reiben oder streicheln.

Nicht jeder masturbiert, aber die allermeisten Menschen tun es, egal, ob männlich oder weiblich. (Männer und Jungen masturbieren, indem sie ihren Penis reiben oder streicheln.) Die meisten befriedigen sich schon in der Kindheit, andere erst später, und viele onanieren lebenslang. Es ist also ganz normal, wenn auch du es tust (oder auch nicht).

Du hast vielleicht schon einiges über das Masturbieren gehört. Früher dachten die Leute, dass Masturbieren verrückt macht oder dass man davon blind oder geisteskrank wird. Diese Geschichten sind nicht wahr, denn sonst gäbe es sehr viele verrückte und blinde Geisteskranke um uns herum. Vielleicht hast du auch gehört, dass man durch Masturbieren den Sex mit einem anderen Menschen weniger genießt, aber auch das stimmt nicht. Im Gegenteil – durch Masturbieren kann man sich gut auf sein späteres Sexualleben vorbereiten und wenn man lernt, wie man sich selbst sexuelle Lust verschafft, kann das der erste Schritt sein, um später einmal sexuelle Lust mit einem anderen Menschen zu erleben.

Zu viel Masturbieren ist auch nicht gesundheitsschädlich, egal, wie oft du masturbierst (deine Geschlechtsorgane werden höchstens ein wenig gereizt, wenn du sie sehr viel reibst) – manche masturbieren täglich, einige mehrmals täglich, andere selten und einige überhaupt nicht. Manche Menschen denken dabei auch an Dinge oder Situationen, die sie sexuell erregen, was man als sexuelle Fantasien bezeichnet, und diese Fantasien können uns helfen, unsere eigenen sexuellen Wünsche und Träume besser kennen zu lernen. Deshalb unser Rat: entspann dich und genieße deine Fantasien!

Sexuelle Erregung und Orgasmus

Wenn eine Frau sexuell erregt ist, kann es sein, dass sich ihre Geschlechtsteile feuchter anfühlen als sonst (mehr dazu erfährst du ab Seite 148), denn dann produziert der Körper eine Flüssigkeit, die die Scheide geschmeidig macht. Wenn du lange genug masturbierst, erlebst du vielleicht einen Orgasmus, der auch Klimax genannt wird. Als Orgasmus bezeichnet man die Entladung der Spannung und Erregung, die sich beim Sex oder beim Masturbieren im Körper aufbauen, wobei Orgasmen sehr intensiv sein können, andere dagegen weniger. Ein weniger intensiver Orgasmus lässt sich vielleicht am ehesten als herrlich prickelndes Gefühl umschreiben, ein starker Orgasmus kann sich dagegen wie eine Explosion anfühlen, eine Entladung intensiver sexueller

Der G-Punkt

Männer haben beim Orgasmus normalerweise einen Samenerguss (siehe Seite 203). Das haben Frauen zwar nicht, aber einige sondern beim Orgasmus eine Flüssigkeit ab, von der man noch nicht sicher weiß, woher sie stammt. Man nimmt an, dass es etwas Urin ist oder dass die Flüssigkeit aus den kleinen Schlitzen der Drüsenöffnungen in der Nähe der Harnröhrenöffnung kommt. Einige Experten behaupten auch, dass es in der Scheide einen bestimmten Punkt gibt, den G-Punkt, der wie die Klitoris besonders empfindlich auf sexuelle Berührung reagiert und beim Orgasmus diese Flüssigkeit absondert. Andere Experten bezweifeln dagegen, dass dieser G-Punkt existiert, aber sicher ist, dass es in der Scheide besonders empfindliche Bereiche gibt.

Lust, die in den Geschlechtsorganen beginnt und dann durch den ganzen Körper pulsiert. Die meisten Menschen sagen jedenfalls, dass ein Orgasmus ein wunderbares Gefühl ist.

Vielleicht hast du nicht jedes Mal einen Orgasmus, wenn du masturbierst, weil du schon vor dem sexuellen Höhepunkt aufhörst, und manchmal braucht man auch zuerst etwas Übung, bis es klappt. Deswegen sagen die Experten, dass Masturbieren ein ausgezeichneter Weg ist, um zu lernen, wie der Körper reagiert, und auf diese Weise für das spätere Sexualleben zu »üben«.

Kapitel 4
Der berühmte Wachstumsschub

Sind dir die Schuhe, die du erst vor einem Monat gekauft hast, schon wieder zu klein? Ist deine nagelneue Jeans nach ein paar Wochen schon bis zu den Knöcheln hochgerutscht? Wenn ja, dann hat bei dir vermutlich der Wachstumsschub begonnen, denn die Pubertät ist eine Zeit des superschnellen Wachstums. Dieser Wachstumsschub, der in der Regel einige Jahre dauert, beginnt in verschiedenen Altersstufen und verläuft auch unterschiedlich schnell. Gegen Ende der Pubertät lässt das Tempo dann wieder nach und irgendwann hört das Wachstum ganz auf.

In diesem Kapitel wollen wir über verschiedene Aspekte dieses Wachstumsschubs sprechen, denn er bedeutet nicht nur, dass du jetzt größer wirst, sondern auch, dass manche Körperteile in der Pubertät mehr wachsen als andere. Dadurch verändern sich die Proportionen von Gesicht und Körper, und du siehst jetzt nicht mehr aus wie ein Kind, sondern wirst immer erwachsener.

Während dieses Wachstumsschubs ist es besonders wichtig, dass du dich richtig ernährst und dich viel bewegst. Aber leider tun viele Jugendliche weder das eine noch das andere, was sich später sehr negativ auswirken kann. Deshalb werden wir in diesem Kapitel auch über Ernährung und Bewegung in der Pubertät sprechen.

Was passiert beim Wachstumsschub?
Vor der Pubertät wächst ein Mädchen durchschnittlich nur etwa fünf Zentimeter pro Jahr, aber mit Beginn des Wachstumsschubs

erhöht sich das Tempo plötzlich rasant, bis es sich fast verdoppelt hat, sodass man in dieser Zeit jährlich um fast zehn Zentimeter größer werden kann. Im Durchschnitt wird jedes Mädchen während des gesamten Wachstumsschubs, der meist drei oder vier Jahre dauert, um 22 bis 23 Zentimeter länger, aber natürlich ist das nur ein Anhaltspunkt, und du wächst noch mehr oder auch weniger.

Wenn du deine erste Periode bekommst, hat sich dein Wachstumstempo wahrscheinlich schon wieder verlangsamt, und du wächst nur noch zweieinhalb bis fünf Zentimeter pro Jahr. Die meisten Mädchen haben ihre volle Körpergröße dann innerhalb von ein bis drei Jahren nach ihrer ersten Periode erreicht.

Natürlich haben auch Jungs einen pubertären Wachstumsschub, er erfolgt aber meist erst etwa zwei Jahre später als bei den Mädchen, sodass elf- bis zwölfjährige Mädchen oft größer sind als die gleichaltrigen Jungs. Ein paar Jahre später holen sie die Mädchen dann aber wieder ein und werden meist auch größer als diese.

Wie groß werde ich?

Wie groß du einmal sein wirst, lässt sich vorher nicht genau sagen, aber es gibt ein paar Anhaltspunkte für deine künftige Körpergröße. Dazu gehört zum einen deine Größe vor dem Wachstumsschub: Wenn du schon als Kind klein bzw. groß warst, wirst du wahrscheinlich auch als Erwachsene klein bzw. groß sein. Aber das ist keine feste Regel, und manche Mädchen, die vor der Pubertät zu den kleinsten in der Klasse gehört haben, können nach dem Wachstumsschub plötzlich größer sein als alle anderen.

Deine ungefähre Größe kannst du errechnen, wenn du weißt, wie groß deine Mutter und dein Vater sind: Subtrahiere dafür zuerst 12,5 cm von der Größe deines Vaters, addiere dieses Ergebnis zur Größe deiner Mutter und teile dieses Ergebnis durch 2. Dann weißt du in etwa deine Größe als erwachsene Frau.

Ein Beispiel: Nehmen wir an, dein Vater ist 177 cm und deine Mutter 160 cm groß. Wenn du jetzt 12,5 cm von der Größe deines Vaters abziehst, kommst du auf 164,5 cm. Jetzt addierst du die Größe deiner Mutter, also 160 cm dazu, und du erhältst 324,5 cm. Zum Schluss teilst du 324,5 cm durch 2 = 162 cm, und schon weißt du deine ungefähre endgültige Größe (bei unserem Beispiel würdest du zwei Zentimeter größer werden als deine Mutter).

Zu groß oder zu klein?

Zu der Zeit, als unsere Großmütter noch jung waren, war es für manche Mädchen ein echtes Problem, wenn sie sehr groß waren. Heute gibt es zum Glück aber kaum noch Jugendliche, die wegen ihrer Größe unzufrieden sind, denn jeder weiß, dass große Frauen nicht nur in Sportarten wie Basketball erfolgreich sind, sondern auch im Beruf (Schauspielerinnen wie Brooke Shields und Geena Davis sind immerhin 180 cm groß). Und viele Mädchen sind sogar stolz darauf, groß zu sein:

»Ich war schon immer die Größte in meiner Klasse und fand das super. Meine ältere Schwester ist sogar noch größer als ich und das hübscheste Mädchen, das ich kenne. Ihr Freund ist zwar kleiner als sie, aber das macht den beiden nichts aus.«   *Sarah, 15 Jahre alt*

Problematisch ist es dagegen eher bei Mädchen, die kleiner sind als der Durchschnitt. Oft geht es dabei gar nicht so sehr darum, wie man sich selbst damit fühlt, sondern mehr um die Reaktionen der anderen Leute, denn viele Menschen betrachten kleine Dinge als »niedlich« – wie Babys oder kleine Hunde. Oft werden deshalb auch kleinere Menschen wie niedliche kleine Dinger behandelt und nicht ernst genommen, was für das eigene Selbstwertgefühl nicht immer gerade leicht ist:

»Ich bin zwar klein, aber ich kann sehr schnell laufen. Früher hat meine Kusine mich ›Zwerg‹ genannt, und dann habe ich immer geweint. Aber seitdem ich letztes Jahr die Beste in Leichtathletik war, nennt mich niemand mehr Zwerg.« *Lissi, 14 Jahre alt*

Für manche ist es zwar schwer zu akzeptieren, doch es ist nun mal eine Tatsache, dass man nichts für oder gegen seine Größe tun kann. Aber du kannst darüber bestimmen, wie du damit umgehst und all das sein, was du sein willst: Du musst nicht 1 Meter 80 groß sein, um gute Freunde zu haben, und es gibt auch keine bestimmte Größe, um lustig oder klug oder sportlich zu sein. Mit anderen Worten: Du kannst deine Größe zwar nicht ändern, aber deine Ziele kannst du deshalb trotzdem erreichen.

Was wächst zuerst?
Der Wachstumsschub in der Pubertät wird dadurch bewirkt, dass die Knochen im Rumpf und in den Beinen zu wachsen beginnen. Allerdings wachsen manche Knochen früher als andere – zuerst die Knochen in den Füßen, sodass diese ihre endgültige Größe meist schon erreicht haben, wenn der übrige Körper noch im Wachsen begriffen ist. Viele Mädchen machen sich deshalb Sorgen, aber das ist nicht nötig, da der restliche Körper die Füße irgendwann wieder eingeholt haben wird. Ein Mädchen hat das so beschrieben:

»Mit elf Jahren war ich knapp 1 Meter 50 groß, hatte aber damals schon Schuhgröße 39 und dachte, dass ich wohl irgendwann mal bei Größe 43 landen würde. Jetzt bin ich 16 und 1 Meter 70, aber meine Schuhgröße ist bei 39 geblieben.«

Moni, 16 Jahre alt

»Ich habe jetzt Schuhgröße 40, bin aber erst zwölf Jahre alt und 1 Meter 53 groß. Die Leute ziehen mich immer mit meinen großen Füßen auf. Als ich mir das letzte Mal Tennisschuhe gekauft habe, meinte der Verkäufer: ›Wenn deine Füße noch größer werden, nimm am besten die Schuhschachtel‹.«

Evelyn, 14 Jahre alt

Veränderte Proportionen

Wenn Wachsen nur etwas mit Größerwerden zu tun hätte, würden alle Erwachsenen wie Riesenbabys aussehen. Aber da manche Körperteile stärker wachsen als andere, verändern sich auch die Körperproportionen.

Abbildung 25 zeigt eine erwachsene Frau und ein Baby in gleicher Größe, damit du leichter erkennen kannst, wie sich die Proportionen verändern. So ist zum Beispiel der Kopf des Babys im Vergleich zum übrigen Körper ziemlich groß – er macht etwa ein Viertel der Körperlänge aus. Bei der Frau ist es dagegen nur noch ein Achtel der Körpergröße. Außerdem ist der Kopf des Babys fast so breit wie seine Schultern, was bei der Frau ebenfalls ganz anders ist, und seine Beine machen nur einen kleinen Teil seiner Gesamtgröße aus, während die Beinlänge bei einer erwachsenen Frau fast ihrer halben Körpergröße entspricht.

Beim Wachstumsschub verändert sich aber noch mehr, denn jetzt werden auch die Beckenknochen größer und die Hüften setzen etwas Fett an, sodass sie geringfügig breiter werden und die

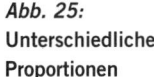

Abb. 25:
Unterschiedliche
Proportionen

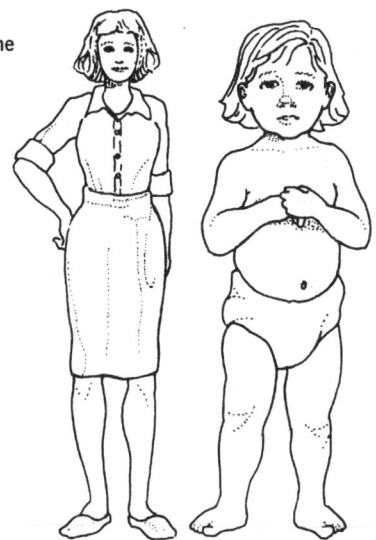

Wachstumsschmerzen und Skoliose

Wachstumsschmerzen, von denen die Ärzte immer noch nicht genau wissen, wodurch sie eigentlich verursacht werden, sind zwar kein ernstes Problem, können aber sehr unangenehm sein. Sie treten meist bei zehn- bis elfjährigen Mädchen auf, aber auch jüngere oder etwas ältere Mädchen können davon betroffen sein.

Die schubweise auftretenden, meist dumpfen Schmerzen fühlt man in der Regel hinter dem Knie, im Oberschenkel oder entlang des Schienbeins, sie können aber auch in den Armen, im Rücken, in der Lende, in den Schultern oder in den Knöcheln auftreten.

Wachstumsschmerzen erfordern in der Regel keine Behandlung und verschwinden irgendwann ganz von selbst. Bis dahin können Massagen, warme Bäder oder ein Heizkissen helfen. Wenn die Schmerzen dagegen sehr ausgeprägt sind und/oder gar nicht mehr aufhören, solltest du zum Arzt gehen, damit sichergestellt ist, dass der Schmerz keine ernsthafte Ursache hat.

Ein anderes Wachstumsproblem kann eine Skoliose sein, eine anomale Krümmung der Wirbelsäule, die nichts mit schlechter Haltung zu tun hat. Dabei verkrümmt sich die Wirbelsäule nach links oder rechts, sodass eine Hüfte oder eine Schulter höher ist als die andere. Die Krümmung kann aber auch in S-Form verlaufen, sodass ein Schulterblatt vorsteht oder sich der Körper zu einer Seite neigt. Skoliose wird manchmal vererbt, doch in den meisten Fällen kennt man die Ursache dafür nicht.

Bei den meisten Skoliose-Fällen genügt es, wenn die Betroffenen regelmäßig etwas Gymnastik machen. Zwar können diese Übungen die Krümmung nicht beheben, aber zumindest die Schmerzen lindern, die dadurch entstehen, dass der Körper durch die Krümmung aus dem Gleichgewicht gerät. In schweren Fällen kann sogar ein (leichtes) Rückenkorsett erforderlich sein, das aber unter der Kleidung getragen wird, damit man es nicht sieht.

Einer Verkrümmung der Wirbelsäule lässt sich am besten durch eine frühzeitige Behandlung vorbeugen, sodass bereits vor Beginn der Pubertät überprüft werden sollte, ob es Anzeichen für eine Skoliose gibt. Am besten geht man dafür zum Hausarzt oder zu einem Orthopäden, damit er die Wirbelsäule anschaut.

Taille im Vergleich dazu schmaler erscheint. Dadurch und durch das Wachstum des Busens bekommst du jetzt eine etwas rundere weibliche Figur.

Durch den Wachstumsschub verändert sich sogar dein Gesicht, denn dann verlängert sich der untere Teil des Gesichts und das Kinn wird etwas kantiger. Außerdem geht der Haaransatz etwas zurück und die Stirn wird breiter, sodass das Gesicht etwas länger und schmaler wirkt als in der Kindheit. Bei manchen Mädchen sind die Veränderungen im Gesicht viel auffälliger als bei anderen, und weil du dich jeden Tag im Spiegel siehst, sind sie für dich wahrscheinlich auch nicht so offensichtlich, aber wenn du dir alte Fotos aus der Kindheit anschaust, wirst du die Veränderungen erkennen können.

Warum wiege ich plötzlich mehr?

Während des Wachstumsschubs in der Pubertät wirst du nicht nur größer, sondern auch schwerer, und manche Mädchen erleben während der Pubertät die größte Gewichtszunahme ihres Lebens. Das ist zum Teil die Folge des Wachstums von Knochen, Muskeln und inneren Organen, zum Teil trägt aber auch das zusätzliche Fettgewebe, das sich bei Mädchen in der Pubertät bildet, zu dieser Gewichtszunahme bei.

Wie der Wachstumsschub dauert auch der Gewichtsschub drei bis vier Jahre, danach verlangsamt er sich wieder. In dieser Zeit kann ein Mädchen in einem einzigen Jahr bis zu sieben Kilo zunehmen, und während des gesamten Gewichtsschubs beträgt die durchschnittliche Gewichtszunahme achtzehn bis zwanzig Kilo. Natürlich entsprechen nicht alle diesem Durchschnitt, und du nimmst vielleicht mehr oder weniger zu, aber die meisten Mädchen werden während des Gewichtsschubs 15 bis 25 Kilogramm schwerer.

»Hilfe – ich bin zu dick!«

Die meisten Mädchen sind mit ihrem Gewicht alles andere als zufrieden. Das bedeutet jedoch keinesfalls, dass sie tatsächlich übergewichtig sind. Bei zehn Mädchen trifft das nur auf ein oder zwei Mädchen zu. Etwa acht von zehn Mädchen glauben, dass sie zu dick sind, und möchten unbedingt abnehmen.

Warum aber sind fast alle Mädchen unglücklich mit ihren Kilos, wenn sie doch gar kein Übergewicht haben? Zum einen vergessen mit Sicherheit viele, dass es diesen Gewichtsschub in der Pubertät gibt, und wenn sie dann plötzlich zunehmen, denken sie automatisch, dass sie zu dick sind. Zum anderen vergleichen sich viele Mädchen mit Klassenkameradinnen und Freundinnen, die sich gerade in einer anderen Entwicklungsphase als sie selbst befinden. Doch wenn sie in der Endphase ihres Gewichtsschubs sind, sind sie einfach etwas schwerer als die Mädchen, die diesen Gewichtsschub noch vor sich haben. Und auch dieser Unterschied ist völlig normal und hat gewiss nichts mit Übergewicht zu tun.

Gewichtsschub und Wachstumsschub verlaufen außerdem nicht immer gleichzeitig, das heißt, während der Pubertät kann es Zeiten geben, in denen du schneller Pfunde als Zentimeter zulegst und umgekehrt. Durch dieses ständige Auf und Ab kann es deshalb vorkommen, dass du zeitweise etwas runder oder auch etwas dünner bist als sonst.

Manche Mädchen, die sich gerade in einer Phase befinden, in der sie etwas pummeliger sind, geraten dann schnell in Panik und glauben, sofort eine Diät machen zu müssen, weil sie sonst ihr Leben lang dick bleiben. Aber wie wir später noch sehen werden, können Diäten sehr schädlich sein, vor allem in der Pubertät.

Die drei Körpertypen

Viele Mädchen glauben auch deshalb, übergewichtig zu sein, weil sie nichts von den drei verschiedenen Körpertypen wissen, die uns von Natur aus mitgegeben sind (siehe Abbildung 26):

- *Pygnische Typen (Endomorphe)* haben in der Regel mehr Körperfett und deshalb einen eher rundlichen Körper mit sanfteren Kurven als Menschen vom leptosomen Typ.

- *Leptosome Typen (Ektomorphe)* sind schlank, haben wenig Kurven und wirken häufig etwas kantig.

- *Athletische Typen (Mesomorphe)* haben mehr Muskeln und breitere Schultern als die anderen beiden Typen, dafür aber schlanke Hüften.

Solltest du zum pygnischen Typ gehören, ist es wichtig zu wissen, dass dein Körper von Natur aus etwas runder ist und selbst mit Idealgewicht meist etwas schwerer wirkt als bei Menschen, die zum leptosomen Typ gehören (übrigens sind auch die superschlanken Models meist leptosom). Und auch wenn du dann noch so viel abnimmst, wirst du vermutlich nie genauso aussehen wie sie. Bevor du also den voreiligen Schluss ziehst, du seist zu dick, solltest du zuerst deinen Körpertyp berücksichtigen.

Der Schlankheitswahn

Aus den Medien kennt natürlich jeder die superschlanken Models und Schauspielerinnen, und da sich kaum jemand diesen Bildern entziehen kann, ist es auch kein Wunder, dass viele genauso aussehen wollen wie sie. Was aber manche vielleicht nicht wissen, ist, dass viele dieser Traumfrauen untergewichtig sind – oft bis zu 10 Kilo unter dem, was noch als gesund gilt. Doch selbst wenn man das weiß, bleibt es eine Tatsache, dass unsere Gesellschaft sehr viel Wert auf das Schlanksein legt, sodass viele unter stän-

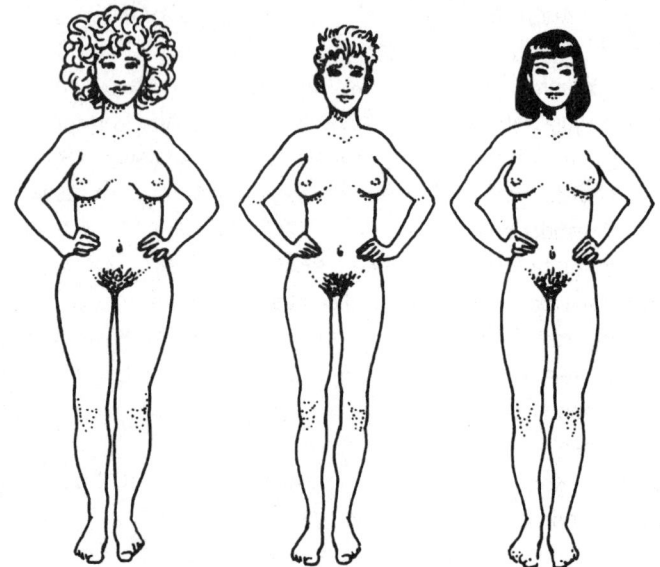

Abb. 26: **Die drei Körpertypen.** *Links* pygnisch (endomorph); *Mitte* leptosom (ektomorph); *rechts* athletisch (mesomorph).

digem Druck stehen, abnehmen zu müssen. Dieser Druck kann sogar so stark sein, dass er bei einigen Frauen zu ernsthaften Essstörungen führt (siehe Seite 117), während andere wegen ihres Aussehens ständig unzufrieden sind, selbst wenn ihr Gewicht ganz normal ist und dem eigenen Körpertyp entspricht.

Warum Diäten schädlich sind

Um möglichst schnell abzunehmen probieren viele Mädchen eine der zahlreichen Diäten aus, die in Büchern und Zeitschriften angepriesen werden und die alle das Gleiche versprechen: Reduzier das Essen radikal, und du nimmst schnell ab. Aber diese Crashdiäten funktionieren nie auf lange Sicht, denn dann stellt sich der berühmte Jojo-Effekt ein: Anfangs nimmt man zwar ab, aber dann stellt sich der Körper um und verwertet das Wenige, das er bekommt, umso besser. Wenn man dann wieder normale Mengen isst, nimmt man schnell wieder zu, und oft werden es wegen der besseren Nahrungsverwertung sogar gleich noch ein paar Pfunde mehr (etwa neun von zehn Menschen nehmen nach einer Crashdiät wieder zu!).

Crashdiäten sind aber auch deshalb schädlich, weil sie die Pubertät verzögern können: Bei Mädchen, die extreme Diäten machen, kann sich die Entwicklung um zwei Jahre und mehr nach hinten verschieben. Noch schlimmer ist jedoch, dass diese einseitigen Diäten meist sehr ungesund sind, und in der Pubertät können sie sogar richtig gefährlich werden. Das liegt daran, dass der Körper in diesem Lebensabschnitt besonders schnell wächst und deshalb ausreichend gesunde Nährstoffe braucht.

Starke Knochen

Zu diesen gesunden Nährstoffen gehören neben genügend Eiweiß (Proteine) und Kohlenhydraten sowie etwas Fett auch viele Vitamine und Mineralien. Zu den wichtigsten Mineralstoffen während der Pubertät zählen Kalzium und Zink, die das Wachstum der Knochen unterstützen. Daneben sind aber auch ausreichend Vitamine wichtig, wie zum Beispiel Vitamin D, das das Kalzium in die Knochen transportiert, denn während der Pubertät werden deine Knochen größer und stärker. Wenn du dann nicht genügend Mineralien und Vitamine zu dir nimmst, können die Knochen auf Dauer so geschwächt werden, dass sich ihr Wachstum verzögert.

Der Aufbau der Knochen ist aber auch für dein späteres Leben wichtig, denn die Knochenmasse, die sich jetzt bildet, muss ein Leben lang reichen. Außerdem beginnt bei Frauen im Alter von etwa 25 Jahren ganz langsam der Abbau von Knochenmasse und dieser Prozess setzt sich kontinuierlich über viele Jahre fort. Wenn sich nun während der Pubertät nicht genügend Knochenmasse aufgebaut hat, werden die Knochen mit zunehmendem Alter immer schwächer und zerbrechlicher, bis es schließlich zu Osteoporose kommen kann – eine Krankheit, die häufig zu Knochenbrüchen in der Wirbelsäule, der Hüfte und an anderen Körperstellen führt. Vielleicht hast du aber auch schon mal alte Frauen in gebückter Haltung oder mit einem Buckel gesehen, was ebenfalls eine häufige Folge von Osteoporose ist.

Der Aufbau von starken Knochen in der Pubertät hilft also, ein längeres, gesünderes und schmerzfreies Leben zu führen, und dafür ist eine besonders gute Ernährung wichtig.

Der Kreislauf von Hungern und Essen

Extreme Diäten, bei denen die Nahrungsmenge zu sehr reduziert oder nur noch bestimmte Lebensmittel gegessen werden, funktionieren in der Regel nicht lange, denn sie rauben dem Körper nicht nur wichtige Nährstoffe, sondern verursachen auch unangenehme Hungergefühle. Und wenn du dann das Gefühl hast, dass dir etwas fehlt, besteht die Gefahr, dass du zu viel isst, sobald du mit der Diät aufhörst. Das aber hat zur Folge, dass du schnell wieder zunimmst und bald darauf mit der nächsten Diät anfängst.

Dieser Kreislauf von Diäten und übermäßigem Essen kommt dir vielleicht bekannt vor, denn heutzutage bestimmt er das Leben vieler Frauen und Mädchen, die sich nach ihrer Traumfigur sehnen. Doch dieses ungesunde Verhaltensmuster kann zu gefährlichen Essstörungen führen, die als Magersucht und Ess-Brechsucht (Bulimie) bekannt sind (siehe unten).

Dabei gäbe es andere Methoden, mit denen man gesund abnehmen kann. Allerdings sollten Mädchen in der Pubertät über-

Magersucht und Bulimie

Magersucht (Anorexie) und Ess-Brechsucht (Bulimie) sind schwere Essstörungen, die meist aus Angst vor Übergewicht entstehen. Sie fangen in der Regel im Teenageralter an und betreffen sehr viel mehr Mädchen als Jungen.

• *Mädchen mit Magersucht* essen so wenig, dass sie extrem untergewichtig werden und der Körper nicht mehr genügend Nährstoffe für ein normales Wachstum bekommt. Daneben treiben sie oft auch übermäßig Sport, um noch mehr abzunehmen. Magersucht ist eine ernste Krankheit, die zu schweren Herz- und Nierenfunktionsstörungen und schließlich sogar zum Tod führen kann.

• *Mädchen mit Bulimie (Ess-Brechsucht)* haben meist ein normales Gewicht oder sind leicht übergewichtig. Sie essen übermäßig große Mengen in kurzer Zeit und führen dann künstlich Erbrechen herbei, damit sie nicht zunehmen. Darüber hinaus nehmen sie oft noch Abführmittel und harntreibende Mittel (Diuretika), um abzunehmen, denn durch das Abführmittel wird die Nahrung schneller durch den Körper transportiert, sodass sie gar nicht erst in Kalorien umgewandelt werden kann, und die harntreibenden Mittel entziehen dem Körper Wasser. Bulimie kann zu Verdauungsbeschwerden, Magengeschwüren, Zahnproblemen und schweren Herzerkrankungen führen.

Menschen mit solch schweren Essstörungen brauchen professionelle Hilfe. Die meisten Experten glauben, dass seelische Ursachen bei diesen Krankheiten eine große Rolle spielen, sodass dann meist eine Psychotherapie empfohlen wird – entweder einzeln oder in der Gruppe –, und nicht selten ist sogar ein Krankenhausaufenthalt erforderlich.

Falls du selbst eine solche Essstörung hast und Hilfe brauchst, wende dich an einen Erwachsenen, dem du vertraust, oder auch an eine andere vertrauenswürdige Kontaktperson, die sich mit diesem Problem auskennt und dir Rat und Hilfe geben kann. Einige Büchertipps und Kontaktadressen findest du außerdem im Anhang dieses Buches auf den Seiten 240 und 242.

Wenn du eine Freundin hast, von der du weißt, dass sie eine Essstörung hat, sie aber anderen Menschen verheimlicht, solltest du dich unbedingt an einen Erwachsenen wenden, dem du vertraust. Es kann zwar sein, dass du deiner Freundin versprochen hast, niemandem etwas davon zu sagen, aber bei einer solch schweren Krankheit kann es unter Umständen lebenswichtig sein, dass deine Freundin Hilfe bekommt.

haupt keine Diät machen, ohne vorher mit ihrer Ärztin oder ihrem Arzt darüber zu sprechen. Sie/er kann dir dabei helfen zu entscheiden, wie viel (wenn überhaupt) du abnehmen musst und wie du das auf gesunde Weise tun kannst. Wenn du wirklich übergewichtig bist, kannst du gemeinsam mit deiner Ärztin/deinem Arzt eine ausgewogene Diät und ein sinnvolles Bewegungsprogramm planen, damit du dein gesundes Gewicht wiedererlangst, ohne dass deine Gesundheit darunter leidet.

Richtig essen

Dein Körper braucht viele verschiedene Nährstoffe, damit er wachsen kann und gesund bleibt. Abbildung 27 zeigt, wie viele Portionen du von jeder der verschiedenen Lebensmittelgruppen täglich essen solltest, damit du dich ausgewogen ernährst.

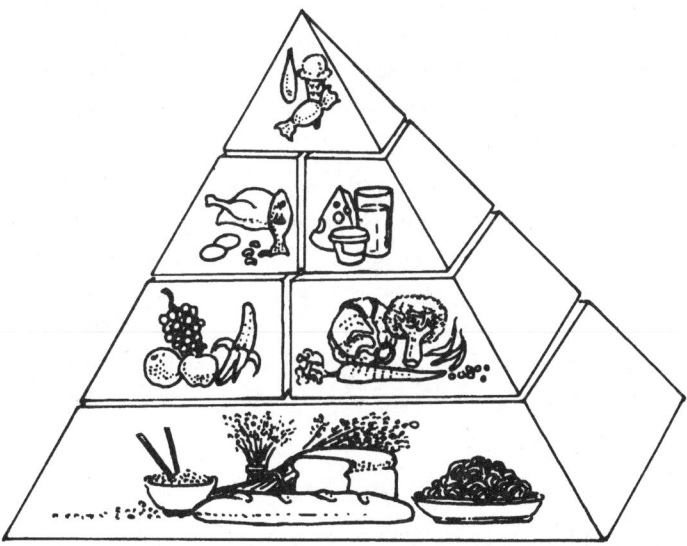

Abb. 27: **Die Lebensmittelpyramide,** die aus sechs verschiedenen Lebensmittelgruppen besteht, kann dir helfen, dich gesund zu ernähren. Bei fünf der Lebensmittelgruppen findest du Angaben zu den Portionen, die man von jeder dieser Gruppen täglich essen sollte, und wenn du die Lebensmittel innerhalb der einzelnen Gruppen immer wieder austauschst, bekommst du genügend Vitamine, Mineralien und andere Nährstoffe. Bei den verschiedenen Portionszahlen – zum Beispiel 6–11 Portionen aus der Gruppe »Brot, Frühstücksflocken/Müsli, Reis, Nudeln« – steht die kleinste Zahl für einen täglichen Kalorienbedarf von 1600 Kalorien, während die größte einen täglichen Kalorienbedarf von 2800 Kalorien berücksichtigt. Ein durchschnittlicher Teenager hat einen täglichen Kalorienbedarf von 2200 bis 2500 Kalorien pro Tag, sodass du eine mittlere bis höhere Portionenzahl wählen solltest.

Wie viel sollte man wovon essen?

- *Brot, Frühstücksflocken/Müsli, Reis, Nudeln* (6–11 Portionen)
  1 Portion = 1 Scheibe Brot
  30 g Müsli
  100 g gekochtes Getreide, Reis oder Nudeln
  ½ Brötchen
  1 Scheibe Knäckebrot

- *Gemüse* (3–5 Portionen)
  1 Portion = 250 g rohes Blattgemüse
  125 g anderes Gemüse, gekocht oder roh
  (klein geschnitten)
  175 ml Gemüsesaft

- *Obst* (2–4 Portionen)
  1 Portion = 1 Apfel, Banane, Orange, Nektarine, Pfirsich
  125 g zerkleinertes oder gekochtes Obst
  oder Obst aus der Dose (ohne Zucker)
  175 ml Obstsaft (ohne Zucker)

- *Milch, Jogurt und Käse* (2–3 Portionen)
  1 Portion = 250 ml Milch oder Jogurt
  45 g Käse
  60 g Käsezubereitung

- *Fleisch, Geflügel, Hülsenfrüchte, Eier, Nüsse* (2–3 Portionen)
  1 Portion = 60–90 g mageres Fleisch, Geflügel oder Fisch
  (120 g gekochte Hülsenfrüchte oder 1 Ei
  entsprechen 30 g magerem Fleisch)

- *Fette und Zucker (Süßigkeiten)*. Hier werden keine Portionen angegeben, weil man Zucker und Fett nur sparsam verwenden und fettes Fleisch oder fette Speisen möglichst meiden sollte. Etwas Fett (am besten als kalt gepresstes Öl) benötigt der Körper allerdings, denn es liefert essenzielle Fettsäuren und ermöglicht die Aufnahme von fettlöslichen Vitaminen.

Auf Seite 115 hast du erfahren, wie wichtig Kalzium für gesunde Knochen ist. Allerdings haben Studien gezeigt, dass die meisten Mädchen in der Pubertät nur etwa die Hälfte oder sogar noch weniger der täglich benötigten Kalziummenge (mindestens 1300 Milligramm) zu sich nehmen. Besonders wichtig sind deshalb Lebensmittel, die viel Kalzium enthalten, etwa Milch, Sojamilch, Jogurt, Käse und andere Molkereiprodukte, Brokkoli, Grünkohl, grüne Bohnen und Tofu.

Warum du viel Bewegung brauchst

Neben richtiger Ernährung ist auch regelmäßige Bewegung wichtig. Sie kann dir helfen, dein Traumgewicht zu erreichen oder zu halten, denn Bewegungsmangel ist der Hauptgrund für Übergewicht, sogar noch mehr als übermäßiges Essen, obwohl beide Ursachen meist zusammentreffen.

Aber Bewegung ist weit mehr als nur eine Methode, damit der Bauch flach bleibt: Sie stärkt dein Herz, gibt dir mehr Energie, versorgt den Körper mit reichlich Sauerstoff und trägt dazu bei, das über die Nahrung aufgenommene Kalzium in die Knochen einzubauen, was in diesem Lebensabschnitt besonders wichtig ist (siehe Seite 115). Allerdings bedeutet das nicht, dass du ab jetzt täglich zwölf Stunden joggen sollst, denn Übertreibungen können genauso schädlich sein (vor allem bei mangelnder oder falscher Ernährung kann zu viel Sport sogar gefährlich werden).

Tabak, Alkohol und andere Drogen

Alkohol, Rauchen und andere Drogen sind ein heikles Thema, und wahrscheinlich hast du schon hundert Mal gehört, wie schädlich diese Substanzen sind – nicht nur in der Zeit, in der du noch wächst, sondern auch später. So raubt zum Beispiel Alkohol dem Körper den wichtigen Mineralstoff Zink, der zum Aufbau stabiler Knochen benötigt wird.

Für Jugendliche ist es allerdings oft schwer, dem Druck der Freunde oder Klassenkameraden nicht nachzugeben und auf das Rauchen zu verzichten, weil man sonst out ist, aber auch die Werbung sollte man nicht unterschätzen. Du weißt sicher, dass Tabak süchtig macht, sodass es sehr schwer ist, das Rauchen wieder aufzugeben, wenn man erst einmal damit angefangen hat. Und vielleicht ist dir auch bekannt, dass die meisten Raucher schon als Teenager damit angefangen haben. Aber das ist eigentlich auch kein Wunder, wenn man bedenkt, dass die Tabakkonzerne ihre Werbung vor allem an junge Leute richten. Die Pubertät ist genau die Zeit, in der sie die beste Chance haben, die Jugendlichen als langfristige Raucher abhängig zu machen und damit gut an ihnen zu verdienen. Andererseits haben Studien gezeigt, dass viele Menschen, die während der Pubertät nicht geraucht haben, später häufig erst gar nicht damit anfangen. (Das Gleiche gilt übrigens auch für Alkohol, und was Drogen anrichten können, ist wahrscheinlich jedem klar.)

Wer bestimmt, was schön ist?

Nach unserem Verständnis ist ein gesunder, vitaler und glücklicher Mensch auch ein schöner Mensch, und es wäre wunderbar, wenn sich jeder im Spiegel anschauen und aus vollem Herzen sagen könnte: »Ich finde mich schön!« Aber wir leben in einer Gesellschaft, in der Wettbewerb zum täglichen Leben gehört – Menschen, Gruppen, Parteien, Wirtschaft und sogar Länder konkurrieren miteinander. Deshalb sind wir auch von Kindheit an gewöhnt, uns ständig zu vergleichen und zu versuchen, besser zu sein als die anderen. Aber wer entscheidet eigentlich, wer oder was das Beste ist?

Die meisten Menschen bilden sich ihre Meinung, wie die schönste oder attraktivste Frau auszusehen hat, nach den Bildern, die uns die Medien vorsetzen. Wir sehen diese perfekten Superfrauen überall – in Zeitschriften, auf Plakatwänden, im Kino und im Fernsehen –, und immer begegnen sie uns auf die gleiche Weise: Ihre Zähne, Haare und Augen glänzen und strahlen, sie sind meistens groß und immer schlank, dazu oft noch blond, blauäugig und hellhäutig. Sie haben flache Bäuche, große Augen, schmale Taillen und lange Beine, ihre Haut ist glatt und makellos, sie haben keine Pickel oder Sommersprossen, keine Haare auf den Beinen oder unter den Achseln und überhaupt nirgendwo auch nur den geringsten Fehler.

Aber wie du wahrscheinlich schon bemerkt haben wirst, gibt es in der Realität nur wenig Menschen, die so perfekt aussehen wie diese Supermodels. Nicht alle sind so gertenschlank mit schmalen Taillen, flachen Bäuchen und festen Oberschenkeln. Und unsere Haare sind auch nicht immer so perfekt frisiert oder glänzen so schimmernd wie auf den Fotos. Auch unsere Kleidung wirkt nicht immer wie neu, und die Haut ist nicht immer makellos. Und wir haben auch nicht alle blonde Haare und blaue Augen.

Trotzdem sehen wir überall die Bilder dieser Mega-Frauen. Wir fahren durch die Stadt, sitzen im Bus oder gehen ins Kino, und schon sind sie da – überlebensgroß lächeln sie uns mit ihren perlweißen Zähnen strahlend an und geben uns das Gefühl, dass ihr perfekter Körper gleichbedeutend ist mit einem herrlichen Leben, in dem es überhaupt keine Probleme mehr zu geben scheint. Jetzt könnte man mal überlegen, wie viele Bilder dieser perfekten Menschen jedes Kind schon gesehen hat, bis es in die Pubertät kommt. Wenn man all die Fotos in Büchern, Zeitschriften, Filmen und Fernsehshows zusammenzählt, sind es dann Tausende oder eine Million oder vielleicht noch mehr?

Es ist also kein Wunder, dass viele Menschen das Gefühl haben, dass etwas mit ihrer Figur, ihrem Gesicht, ihrer Haut oder ihren Haaren nicht stimmt. Und weil niemand so perfekt ist, sind auch viele so unzufrieden mit ihrem Aussehen. Aber das ist genau das, was die Menschen beabsichtigen, die sehr viel Geld dafür ausgeben, dass diese perfekten Bilder uns ständig und überall erreichen. Sie wollen, dass Frauen in der ganzen Welt möglichst viel Geld ausgeben, um ihr Aussehen zu verbessern. Und das tun wir auch. Wir kaufen Haarfärbemittel, Make-up, Diätprodukte, Mittel zur Entfernung von Haaren auf den Beinen und unter den Armen, Trainingsgeräte für einen flachen Bauch und eine schlanke Taille, Mittel, um unseren Busen zu vergrößern und so weiter. Manche Leute gehen sogar zum Schönheitschirurgen und zahlen jede Summe, nur um einen flacheren Bauch, eine geradere Nase oder einen größeren Busen zu bekommen.

»Ich finde mich schön!«

Kannst du das auch von dir selbst sagen, oder bist du oft unzufrieden mit deinem Aussehen? Wenn ja, dann vergiss nicht, dass diese perfekten Körper uns nur deshalb so perfekt vorkommen,

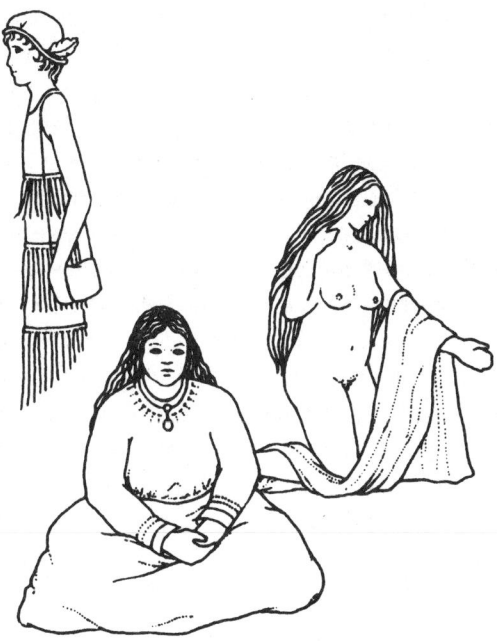

Abb. 28: **Was ist Schönheit?** Von oben nach unten im Uhrzeigersinn siehst du ein Mädchen aus den 20er-Jahren, eine Frau aus dem 15. Jahrhundert und eine Frau aus Polynesien.

weil sie gerade Mode sind. Und was gerade Mode ist, hängt von den jeweiligen Vorstellungen einer Kultur zu einer bestimmten Zeit ab. Das zeigen auch die Zeichnungen in Abbildung 28, auf denen du Frauenideale aus anderen Zeiten und anderen Kulturen siehst: Oben ein modernes Mädchen aus den 20er-Jahren, als ein großer Busen noch alles andere als »schön« war. Deshalb schnürten sich Frauen mit großem Busen ihre Brüste meist ganz eng an den Körper, damit man sie bloß nicht sehen konnte. Die zweite Zeichnung zeigt eine Frau aus dem 15. Jahrhundert, die man heute als »mollig« bezeichnen würde, damals aber als ausgesprochene Schönheit galt. Und auch die dritte Zeichnung einer polynesischen Frau entspricht kaum unserem heutigen westlichen Schönheitsideal, doch in ihrer Kultur ist sie mit ihren rundlichen Formen der Inbegriff für Attraktivität. Du siehst – so etwas wie »absolute« Schönheit gibt es gar nicht!

Sich selbst zu mögen und seinen eigenen Körper zu lieben, so wie er ist und unabhängig davon, ob er der Mode entspricht oder nicht, ist deshalb auch ein großer Schritt in Richtung Erwachsenwerden. Und es ist auch ein großer Schritt in Richtung Attraktivität, denn wenn du selbst dein Aussehen magst, werden andere es auch mögen. Und dann wird es überhaupt keine Rolle mehr spielen, ob du den besten, den schönsten oder den perfektesten Körper hast, denn das, was du ausstrahlst, wird eine viel größere Wirkung haben.

Kapitel 5
Haare, Pickel und andere Veränderungen

In der Pubertät beginnen plötzlich Haare an Stellen zu wachsen, an denen es früher nie Haare gab – Schamhaare, Haare in den Achselhöhlen und vielleicht auch Haare auf Armen und Beinen. Die Pubertät hat auch Einfluss auf die Schweißdrüsen, sodass du jetzt stärker schwitzt und mehr und mehr den Körpergeruch einer erwachsenen Frau entwickelst. Außerdem werden die Talgdrüsen auf der Kopfhaut aktiviert, das heißt, sie produzieren mehr Talg, sodass dein Haar jetzt schneller fettig wird. Auch die Talgdrüsen in der Haut arbeiten in der Pubertät auf Hochtouren, und wenn sich der zusätzliche Talg festsetzt, entstehen Pickel. Wie man mit diesen manchmal wenig erfreulichen Veränderungen umgehen kann, erfährst du in diesem Kapitel.

Achsel- und Körperhaare

Die Achselhaare wachsen durchschnittlich etwa ein Jahr nach dem Wachstum der Schamhaare. Manche Mädchen sind schon ziemlich weit entwickelt, ehe die ersten Haare sprießen, bei anderen wachsen sie ungefähr zur gleichen Zeit wie die ersten Schamhaare oder der Busen, und bei einigen ist das Achselhaar sogar das erste Pubertätsmerkmal. Im Verlauf der Pubertät können auch Haare auf den Armen und Beinen wachsen. Sie sind meistens dunkler als früher, werden mit der Zeit aber auch manchmal wieder heller.

In manchen Ländern finden die Menschen Achselhaare oder Haare auf den Beinen von Frauen ausgesprochen attraktiv und sexy. Bei uns scheint das Gegenteil der Fall zu sein, zumindest in den Köpfen der Leute, denn all die tollen Frauen in den Medien haben ausnahmslos makellos glatte Beine und Achseln. Bei den Jungen ist es dagegen genau umgekehrt – die meisten sind stolz darauf, wenn bei ihnen das erste Körperhaar wächst, denn es zeigt, dass sie jetzt zum Mann werden, und bei Männern gilt Körperhaar als attraktiv und männlich.

Wie auch immer man diesen Widerspruch findet – jeder muss für sich selbst entscheiden, ob man die Haare auf den Beinen und in den Achselhöhlen entfernen will oder nicht, so wie dieses Mädchen:

»Ich wollte mir eigentlich gar nicht die Beine rasieren, aber dann sagten ein paar Mädchen aus meiner Klasse: ›Die Haare auf deinen Beinen sind ja eklig. Wieso rasierst du dich nicht?‹ Also fing ich damit an, obwohl mich die Haare eigentlich gar nicht gestört haben.«
Patricia, 15 Jahre alt

Andere Mädchen möchten ihre Beine und Arme dagegen unbedingt rasieren, aber ihre Mütter erlauben es nicht. Sollte das auch bei dir der Fall sein, ist es am besten, wenn du mit deiner Mutter darüber sprichst und ihr erklärst, warum du die Haare entfernen willst.

Unerwünschte Haare entfernen

Rasieren ist die beliebteste Art, um unerwünschte Haare zu entfernen, denn ist leicht und relativ sicher, obwohl du dich wahrscheinlich anfangs erst ein paar Mal zwicken wirst, bis du es gelernt hast. Das Rasieren funktioniert gut bei den Haaren auf Beinen, Unterarmen und im Bikini-Bereich, hat aber auch einen großen Nachteil: Die Haare wachsen sehr schnell wieder nach, und damit die Haut glatt bleibt, muss man sich dann meist alle zwei bis drei Tage rasieren.

Außer Rasieren gibt es aber auch noch andere Methoden, mit denen man unerwünschte Haare entfernen kann, die in der Übersicht auf Seite 132ff. zusammengefasst sind. Allerdings solltest du dich weder rasieren noch eine dieser anderen Methoden anwenden,

- wenn du an diesen Stellen gerade eine Schnittverletzung, einen Ausschlag oder andere Hautverletzungen hast,
- wenn du einen Sonnenbrand hast, oder
- wenn du in den nächsten vierundzwanzig Stunden schwimmen gehen oder ein Sonnenschutzmittel verwenden willst.

Welcher Rasierer ist am besten?

Du hast die Wahl zwischen einem Rasierer mit Klinge für die Nassrasur und einem Elektro-Rasierer. Manche Frauen bevorzugen Elektro-Rasierer, besonders solche für die Nass-Trocken-Rasur, denn damit schneidet man sich weniger leicht als mit einem Rasierer mit Klinge. Allerdings sind sie nicht gerade billig, und man kann sich auch nicht so nah an der Haut rasieren wie mit einem Klingen-Rasierer.

Die meisten Frauen entscheiden sich deshalb für einen Nassrasierer mit Klinge. Am beliebtesten sind die Einwegrasierer, die einfach weggeworfen werden, sobald die Klinge stumpf geworden ist. Du kannst aber auch einen Rasierer verwenden, in den man immer wieder neue Klingen stecken kann.

Außerdem kannst du wählen zwischen Apparaten mit einer, zwei oder drei Klingen. Besonders gründlich sind Rasierer mit

Sind die nachwachsenden Haare dicker?

Diese Frage wird häufig gestellt und lässt sich ganz einfach beantworten: Nein, Rasieren führt nicht dazu, dass die nachwachsenden Haare dicker und dunkler sind, auch wenn es vielleicht so aussehen mag.

Das liegt daran, dass Haare oben spitz zulaufen und in der Mitte und an der Wurzel etwas dicker sind. Wenn du dich noch nie rasiert hast, siehst du nur die schmalen, zugespitzten Haarenden. Durch die Rasur verschwinden die zugespitzten Enden, und du siehst nur noch den dicksten Teil der Haare, denn beim Rasieren werden sie an der dicksten Stelle geschnitten (siehe Abbildung 29).

Doppel- oder Dreifach-Klinge, dafür schneidest du dich weniger leicht mit einem Rasierer, der nur eine Klinge hat. Außerdem können die Doppel- oder Dreifach-Rasierer eher eingewachsene Haare verursachen als die mit einfacher Klinge.

Daneben gibt es auch noch Rasierapparate, die speziell für Frauen entwickelt wurden, oder Rasierer mit rotierenden Scherköpfen und anderen besonderen Eigenschaften. Tests haben jedoch gezeigt, dass man damit auch keine besseren Ergebnisse erzielt als mit den herkömmlichen Methoden.

Richtig rasieren

Wenn du einen Rasierer mit Klinge verwendest, können die folgenden Tipps hilfreich sein, damit du dich beim Rasieren nicht verletzt und die Haut schön glatt bleibt:

• Achte darauf, dass die Klinge immer sauber, scharf und glatt ist. Eine stumpfe Klinge zieht auf der Haut und kann einen

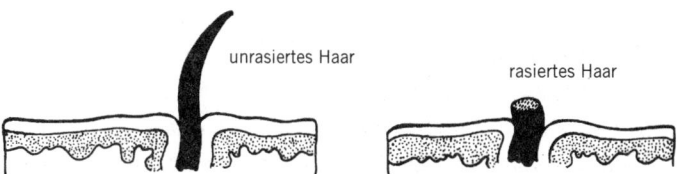

Abb. 29: **Warum sehen rasierte Haare dicker aus?** Vor dem Rasieren läuft das ungeschnittene Haar spitz zu. Beim Rasieren wird das Haar an der dicksten Stelle abgeschnitten, sodass es beim Nachwachsen dicker aussieht.

schmerzhaften Ausschlag verursachen. Wechsle die Klinge deshalb spätestens nach der vierten oder fünften Rasur.

- Wenn man den Rasierer fallen lässt, kann die Klinge dabei beschädigt werden, ohne dass man es merkt. Wirf die Klinge in diesem Fall am besten weg, und nimm eine neue.

- Weiche die entsprechenden Hautpartien vor dem Rasieren mindestens drei Minuten lang in warmem Wasser ein, denn das macht die Haare weicher, und man kann sie leichter schneiden. Aber lass die Haare nicht länger als fünfzehn Minuten im Wasser – danach weicht die Haut auf, und es besteht die Gefahr, dass du dich beim Rasieren schneidest. Außerdem ist es dann schwerer, die Haare wirklich hautnah zu entfernen.

- Benutze entweder eine Rasiercreme oder ein Rasiergel, aber keine Seife. Cremes und Gels lassen den Rasierer besser über die Haut gleiten und machen die Haare weicher. Seife lässt die Klingen schneller stumpf werden, und die Haare bleiben hart, sodass sie sich schwerer rasieren lassen.

- Drück den Rasierer nicht zu fest auf die Haut, sondern gleite nur ganz leicht und langsam über die Haut, ohne dabei zu oft über dieselbe Stelle zu fahren. Spüle den Rasierer dazwischen immer wieder ab, damit sich keine Haare in der Klinge verfangen.

- Wenn du entgegen der Richtung des Haarwachstums rasierst, wird die Haut besonders glatt. Wenn du dagegen in Richtung des Haarwachstums rasierst, ist die Rasur besonders hautschonend. Auf den weniger empfindlichen Beinen kannst du deshalb von unten nach oben, also entgegen der Richtung des Haarwachstums rasieren. In den Achselhöhlen und an anderen empfindlichen Stellen solltest du in Richtung des Haarwachstums rasieren.

- Spül die Haut nach der Rasur mit kaltem Wasser ab, denn dadurch schließen sich die Poren, und die Haut beruhigt sich schneller. Tupf sie anschließend vorsichtig trocken (nicht rubbeln!), und trage eine Pflegelotion auf. Am besten nimmst du eine Lotion mit Aloe vera, die der Haut besonders gut tut, ungeeignet sind dagegen parfümierte Lotionen oder solche, die Alkohol enthalten. Verwende nach dem Rasieren nicht gleich ein Deo.

- Verleih deinen Rasierer nicht an andere, und leih dir auch keinen Rasierapparat von deiner Freundin aus, damit mögliche Hautinfektionen nicht gegenseitig übertragen werden können.

Andere Haarentfernungsmethoden

Neben der Rasur gibt es noch weitere Möglichkeiten, wie man lästige Haare entfernen kann. Wichtig ist, dass du vor der ersten Anwendung die jeweilige Gebrauchsanweisung liest und dich danach richtest. Verwende chemische Produkte auch nicht länger als in der Gebrauchsanweisung angegeben. Außerdem solltest du sie immer zuerst an einer kleinen Stelle ausprobieren und 24 Stunden abwarten, ob du sie verträgst. Nimm für dein Gesicht, aber auch für den Achsel- und Genitalbereich nur solche Produkte, die speziell dafür geeignet sind, denn diese Bereiche sind besonders empfindlich.

Bleichen

Bleichmittel hellen die Haare so stark auf, dass sie kaum mehr sichtbar sind. Sie wirken etwa vier Wochen und werden für Haare über der Oberlippe oder auf Armen und Beinen verwendet.

- *Nachteil:* Bleichmittel eignen sich weniger gut für dichtes Haar.

Auszupfen

Hier werden die Haare einschließlich der Wurzel mit Hilfe einer Pinzette entfernt. Diese Methode eignet sich für die Augenbrauen und einzelne Haare im Gesicht oder auf der Brust, und die Wirkung hält einige Wochen vor.

- *Nachteile:* Das Auszupfen von Oberlippen- oder Brusthaaren ist meist ziemlich schmerzhaft und eignet sich nicht für größere Flächen oder dichtes Haar.

- *Tipp:* Damit das Auszupfen weniger unangenehm ist, cremst du die Haut am besten zuerst mit einer Feuchtigkeitslotion oder einer -creme ein. Dann zupfst du die Haare in Richtung des Haarwachstums aus und betupfst die Haut dabei hin und wieder mit einem alkoholfreien Hauttonikum.

Epilieren

Ein Epilierer sieht aus wie ein Elektro-Rasierer und funktioniert wie mehrere kleine Pinzetten auf einmal, mit denen die Haare ausgezupft werden. Er eignet sich für größere Flächen, wie Beine und Arme, und die Wirkung hält einige Wochen vor.

- *Nachteile:* Diese Methode ist oft schmerzhaft und fördert das Risiko von eingewachsenen Haaren, besonders im Gesicht, deshalb sollte man einen Epilierer nicht in diesem Bereich anwenden. Außerdem ist dieses Verfahren nicht ganz billig – ein Epilierer kostet immerhin zwischen 35 und 100 Euro.

- *Tipp:* Mache vor und nach der Behandlung mit einem Epilierer am besten ein Peeling auf den betreffenden Hautpartien.

Depilieren

Darunter versteht man Cremes, Lotionen oder Gels, deren chemische Wirkstoffe die Haare aus der Haut lösen. Sie werden in Richtung des Haarwachstums auf die Haut aufgetragen und nach einer bestimmten Zeit wieder abgerieben und abgespült. Diese Methode dauert länger als Rasieren und wird für Damenbart, also für Haare über der Oberlippe, aber auch für Haare auf den Beinen oder in der Bikinizone angewendet.

- *Nachteil:* Die chemischen Inhaltsstoffe können zu Hautreizungen oder -infektionen führen und werden von vielen Frauen nicht vertragen.
- *Tipp:* Nach der Anwendung eines Peelings solltest du eine Woche warten, ehe du ein Depiliermittel anwendest.

Wachs

Bei dieser Methode werden Wachsstreifen auf die Haut gedrückt oder erhitztes Wachs auf der Haut in Richtung des Haarwachstums verteilt. Nach dem Erkalten wird es dann wie ein Pflaster wieder entfernt, sodass die im Wachs festgehaltenen Haare ausgerissen werden. Die Wachsmethode eignet sich für die Beine, Bikinizone, Damenbart, den Achselbereich und die Augenbrauen. Die Wirkung hält mehrere Wochen an.

- *Nachteile:* Das Ausreißen der Haare tut weh. Außerdem müssen die Haare dafür mindestens 6 Millimeter lang sein, sodass zwischen den Behandlungen Stoppelhaare wachsen. Das Wachs kann zu Hautreizungen und -entzündungen oder zu eingewachsenen Haaren führen und die Haut zudem monatelang bleichen. Durch ungleichmäßiges Erwärmen des Wachses

Haare in der Bikinizone entfernen

Damit bei knappen Bikinis oder hoch geschnittenen Bade-
anzügen keine vorwitzigen Schamhaare sichtbar werden,
wollen manche Mädchen die Haare in der so genannten Bikinizone entfernen. Weil aber dieser Bereich sehr empfindlich reagiert, wenn man die Haare nicht vorsichtig entfernt,
solltest du wissen, wie du hier am besten vorgehen kannst:

- Das Auszupfen der Schamhaare kann zu Schwellungen
  und Hautrötungen führen. Außerdem funktioniert es nur
  für einige wenige Haare, ansonsten ist es zu schmerzhaft
  und langwierig.
- Es gibt aber Depiliercremes, -lotionen oder -gels, die für
  diesen Bereich geeignet sind. Wichtig ist, dass du die Gebrauchsanweisung genau beachtest und immer zuerst einen Test an einer kleinen Stelle machst. Dann warte einen Tag ab, ob du das Präparat auch wirklich verträgst.
- Du kannst die Bikinizone auch vorsichtig rasieren, aber
  nimm dafür reichlich Rasiercreme. Rasiere immer nach
  unten in Richtung des Haarwachstums, und achte darauf,
  dass du nicht zu oft über denselben Bereich fährst. Doch
  auch wenn du sehr vorsichtig bist, können unangenehme
  Hautreizungen entstehen. Rasiere deshalb zuerst nur einen kleinen Bereich, und schau nach 24 Stunden nach,
  wie die Haut darauf reagiert hat.
- Es gibt auch Wachs-Sets für die Bikinizone. Prüfe aber
  vorher genau, ob das Wachs wirklich für diesen Bereich
  geeignet ist, und selbst dann kann es nach der Behandlung noch für etwa einen Tag zu Hautreizungen in Form
  von kleinen roten Punkten kommen.

(etwa in der Mikrowelle) kann es außerdem zu Verbrennungen kommen.

- *Tipp:* Es gibt zwar auch Wachs-Sets für den Hausgebrauch, aber aus Sicherheitsgründen solltest du diese Methode möglichst nur von einer ausgebildeten Kosmetikerin durchführen lassen.
- *Vorsicht:* Das Wachs darf nicht auf Warzen, Muttermale und Krampfadern aufgetragen werden. Man darf es auch nicht anwenden, wenn man zu Infektionen neigt oder wenn man Diabetes oder einen labilen Kreislauf hat.

Schweiß und Körpergeruch

Was passiert, wenn du zehnmal nacheinander die Treppe rauf- und runtergelaufen bist oder wenn du an einem richtig heißen Sommertag unterwegs warst? Klar – du schwitzt! Denn bei hohen Temperaturen oder beim Sport, aber auch bei Stress, Angst oder anderen starken Emotionen produzieren Millionen von Schweißdrüsen, die sich überall im Körper befinden, eine Flüssigkeit, die wir als Schweiß bezeichnen. Er schützt den Organismus vor Überhitzung und besteht zu 99 Prozent aus Wasser, das geringe Mengen Salz enthält. Dieses Wasser verdunstet sehr rasch und hält den Körper kühl, während das Salz dafür sorgt, dass dem Körper mehr Wasser entzogen wird als gewöhnlich.

Mit Beginn der Pubertät werden die Schweißdrüsen zu vermehrter Produktion angeregt und die Schweißdrüsen in den Achselhöhlen und im Genitalbereich aktiviert. Das hat zur Folge, dass du jetzt häufiger und auch an mehr Stellen schwitzt als vorher – meist auf der Stirn, in den Achselhöhlen, auf der Oberlippe, am Hals und auf der Brust, aber auch auf den Handflächen und den Fußsohlen.

Durch die vermehrte Schweißbildung verändert sich auch der

Wachstumsstreifen
Manche Jugendliche bekommen in der Pubertät Wachstumsstreifen – rötliche oder weiße Streifen auf der Haut, die entstehen, wenn sich die Haut durch zu schnelles Wachstum dehnt oder wenn es zu einer raschen Gewichtszunahme oder -abnahme kommt. Solche Wachstumsstreifen verblassen zwar oft mit zunehmendem Alter, aber viel dagegen machen kann man nicht.

Körpergeruch. Zwar verursacht Schweiß allein noch keinen Geruch, denn er ist fast geruchsfrei, aber die Bakterien auf der Haut zersetzen den Schweiß rasch, und es kommt zu Körpergeruch. Diese Bakterien bevorzugen vor allem den Genitalbereich und die Achselhöhlen, denn hier herrschen genau die warmen, feuchten Bedingungen, die sie für ihre Vermehrung brauchen, und wenn sie dafür genug Zeit haben, kann der Schweiß bald richtig unangenehm riechen.

Was tun gegen Körpergeruch?
Die vermehrte Schweißbildung und der veränderte Körpergeruch in der Pubertät sind ganz natürlich und gehören zum Erwachsenwerden. Aber vielen Jugendlichen ist das so unangenehm, dass sie sich jetzt alle möglichen Deos kaufen, was eigentlich auch gar nicht weiter verwundert, denn schließlich gibt die Kosmetikindustrie Millionen für die Werbung aus, damit wir uns um Körpergeruch und trockene Achselhöhlen Gedanken machen.

Aber lass dich von dieser Strategie nicht beeindrucken, sondern geh weiter entspannt mit deinem Körper um: Schwitzen ist gesund, denn es verhindert nicht nur eine Überhitzung des Körpers, sondern über den Schweiß werden auch Abfallprodukte entsorgt. Trotzdem muss niemand schlecht riechen, wenn man viel schwitzt, und dafür gibt es ein paar ganz einfache Tipps:

- Bade und dusche regelmäßig, denn tägliches Waschen entfernt die Bakterien, die den Geruch verursachen. Besonders wichtig ist das Waschen unter den Armen und im Genitalbereich.
- Verwende eine antibakterielle Seife für die Achselhöhlen. Untersuchungen haben gezeigt, dass diese Seifen das Bakterienwachstum um bis zu 16 Stunden verzögern.
- Wechsle häufig deine Kleidung, denn die Bakterien, die den Geruch verursachen, können auch in der Kleidung hängen bleiben.
- Trage möglichst Kleidung und Unterwäsche aus Baumwolle oder anderen natürlichen Materialien wie Seide oder Wolle. Sie saugen den Schweiß besser auf als synthetisches Material

Intimsprays – ja oder nein?

Von Intimsprays für den Genitalbereich raten wir ab, denn sie reizen nicht selten die empfindliche Haut in dieser Zone. Außerdem riecht deine Vulva nicht unangenehm, sofern du keine Infektion hast, und tägliches Waschen mit Wasser und einer guten Seife sowie täglich frische Baumwollunterwäsche ist alles, was du tun musst, um immer schön frisch zu riechen.

Sollte deine Vulva jedoch trotz regelmäßiger Pflege unangenehm riechen, hast du vielleicht eine Infektion. Dann ist es wichtig, möglichst bald zur Ärztin oder zum Arzt zu gehen, damit sie/er die Ursache herausfindet, und man sollte den Geruch nicht einfach mit einem Spray überdecken.

und sind außerdem luftdurchlässig, sodass der Schweiß sich nicht staut und deine Haut trocken bleibt.

Wenn dich der Geruch unter deinen Armen stört oder wenn du sehr viel schwitzt, kannst du natürlich auch ein Deodorant verwenden. Deos überdecken den Körpergeruch meist mit ihren Duftstoffen, solche mit einem Antitranspirant reduzieren außerdem die Bakterien, die den Geruch verursachen. Deos sind in Form von Sprays, Sticks, Gels, Lotionen oder Rollstiften erhältlich. Manche Deos sind geruchsfrei, viele enthalten dagegen Duftstoffe.

Mitesser, Pickel und Akne

Eines der häufigsten Probleme während der Pubertät sind die leidigen Pickel und Mitesser, denn jetzt werden die Talgdrüsen in der Haut oft so aktiv, dass der überschüssige Talg, den sie produzieren, die Poren verstopft und Mitesser und Pickel entstehen, was man medizinisch als Akne bezeichnet. Diese Talgdrüsen befinden sich zwar überall im Körper, die meisten sind jedoch im Gesicht, am Hals, auf der Brust und am Rücken, und deshalb bekommt man meist auch an genau diesen Stellen Akne.

Auf Abbildung 30 auf Seite 140 kannst du ein Haarfollikel und eine Talgdrüse sehen. Jedes Körperhaar hat ein solches Follikel, das unter der Hautoberfläche liegt und an dessen unterem Teil sich eine Talgdrüse befindet. Sie produziert ein Öl, das Talg (Sebum) heißt. Dieser Talg fließt aus der Drüse den Haarschaft entlang und aus den Poren – kleine Öffnungen in der Haut – an die Oberfläche, um die abgestorbenen Hautzellen aus den Haarfollikeln nach außen zu transportieren.

Während der Pubertät produzieren die Talgdrüsen also mehr Talg, und es werden auch mehr Hautzellen von den Wänden des Haarfollikels abgestoßen, außerdem kleben die abgestorbenen

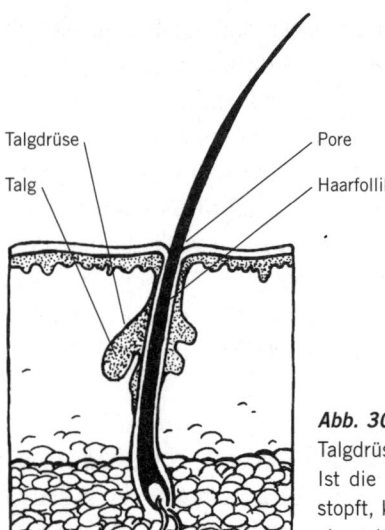

Talgdrüse

Talg

Pore

Haarfollikel

Abb. 30: **Haarfollikel und Talgdrüse.** Die Talgdrüse am Haarfollikel produziert Talg. Ist die Pore des Haarfollikels nicht verstopft, kann der Talg an die Hautoberfläche gelangen.

Hautzellen jetzt stärker zusammen als vorher. Diese klebrigen Zellen können verklumpen und einen Pfropfen bilden, der die Poren verstopft. Trotzdem produziert die Talgdrüse natürlich weiterhin Talg, der aber nun wegen des verstopften Kanals im Haarfollikel stecken bleibt. Also sammelt er sich hinter dem Pfropfen und lässt das Haarfollikel anschwellen, sodass man ihn als weiße Erhebung knapp über der Hautoberfläche sehen kann. Diese Erhebung nennt man geschlossene Mitesser.

Manchmal wird der Pfropfen auch durch den Druck des festgehaltenen Talgs an die Hautoberfläche gedrückt. In diesem Fall entsteht ein offener Mitesser mit schwarzem Kopf, was aber kein Schmutz ist, sondern durch eine chemische Reaktion auf der Hautoberfläche entsteht.

Solche offenen oder geschlossenen Mitesser sind milde Akneformen, während Pickel schon ein größeres Problem sein können.

Sie entstehen durch Bakterien auf der Hautoberfläche, die eigentlich ganz harmlos sind. Wenn sie jedoch in den Talg geraten, der hinter einer blockierten Pore festgehalten wird, beginnen sie sich zu vermehren. Das wiederum führt zu Rötungen und Schwellungen, die wir Pickel nennen (siehe Abbildung 31).

Manchmal platzen die Wände in einem von diesen Bakterien infizierten Haarfollikel auch auf. Dann breitet sich die Infektion unter der Haut aus, und es entstehen große schmerzhafte rote Knoten – die schwerste Form von Akne.

Was kann man gegen Akne tun?

Offene und geschlossene Mitesser oder Pickel sind sicher nicht sehr attraktiv, doch noch schlimmer ist schwere Akne, die zu dauerhaften Narben führen kann. Aber die gute Nachricht ist, dass Akne behandelt werden kann und es eine ganze Reihe von Maßnahmen gibt, die du selbst machen kannst. Was am besten hilft, hängt vom jeweiligen Hauttyp und von der Schwere der Akne ab.

Manche Menschen glauben, dass Akne durch mangelnde Körperhygiene verursacht wird und sich das Problem lösen lässt, indem man sich öfter wäscht. Aber das stimmt nicht, denn sogar häufiges Waschen kann Akne weder verhindern noch heilen.

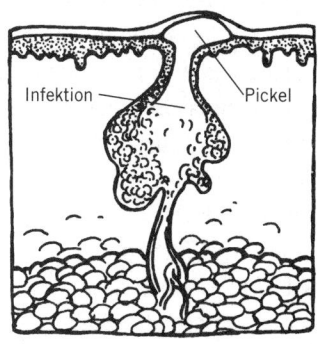

Abb. 31: **Pickel.** Wenn die Pore und der obere Teil des Haarfollikels blockiert sind, kann der Talg nicht aus der Pore abfließen. Kommen dann noch Bakterien dazu, kann dies zu einer Infektion mit Schwellung und Rötung führen – zu einem Pickel.

Pickel durch Pommes?

Man hat lange geglaubt, dass bestimmte Nahrungsmittel Akne verursachen – Süßes wie Schokolade und fette Speisen wie Pommes Frites galten dabei immer als die Hauptverdächtigen. Aber die Ärzte konnten bis jetzt noch keine Verbindung zwischen einer bestimmten Ernährung und Akne feststellen. Trotzdem solltest du, wenn du glaubst, dass bestimmte Nahrungsmittel bei dir zu Pickel führen, diese Dinge möglichst meiden. Und es ist ja sowieso gesünder, wenn man weniger Fettes, Frittiertes und Süßes isst.

Doch es gibt wirksame Methoden, damit Mitesser und Pickel sich möglichst wenig ausbreiten können:

- Akne auf der Stirn kann dadurch entstehen, dass der Talg aus dem Kopfhaar die Stirnhaut reizt. In diesem Fall hilft es, wenn du die Haare öfter wäschst und möglichst eine Frisur trägst, bei der die Haare nicht in die Stirn fallen.
- Wenn du Akne hast, solltest du keine ölhaltigen oder parfümierten Kosmetika benutzen. Am besten sind parfümfreie Präparate mit neutralem pH-Wert.
- Vielleicht hat man dir schon gesagt, dass du Pickel nicht ausdrücken sollst, und das stimmt. Denn dadurch kann sich die Infektion noch tiefer in der Haut ausbreiten und bleibende Narben zurücklassen.

Aknemittel

In der Apotheke gibt es viele Mittel gegen Akne, doch ehe du ein solches Präparat anwendest, solltest du zuerst genau über seine Wirkung Bescheid wissen:

- *Benzoylperoxid:* In vielen Aknemitteln ist Benzoylperoxid enthalten, denn es tötet die Bakterien ab, die Pickel und Akne verursachen, und hilft die Verstopfung in den Haarfollikeln aufzulösen. Ehe du diesen Wirkstoff anwendest, solltest du ihn zuerst an einem kleinen Hautbereich testen, ob du darauf eventuell allergisch reagierst. Außerdem solltest du den betroffenen Bereich anfangs nur jeden zweiten Tag behandeln und erst nach einigen Wochen täglich anwenden. Produkte mit Benzoylperoxid sollten nicht auf die Kleidung gelangen, denn als starkes Bleichmittel kann es dauerhafte Flecken verursachen.

- *Salizylsäure:* Salizylsäure ist ein weiterer chemischer Wirkstoff zur Behandlung von Akne, denn es hilft bei offenen und geschlossenen Mitessern und verhindert ihre Entstehung. Salizylsäure kann zusammen mit anderen Mitteln angewendet werden.

- *Schmirgelseife:* Schmirgelseife und tiefenreinigende Mittel eignen sich nicht, wenn du viele Pickel oder schwere Akne hast, denn sie können diese noch verschlimmern.

Tipp: Viele Mittel zur Behandlung von Akne können die Haut reizen, deshalb solltest du die Gebrauchsanweisung immer sehr sorgfältig lesen und genau befolgen. Wichtig ist außerdem viel Geduld, denn eine (dauerhafte) Besserung tritt meist erst nach etwa sechs bis acht Wochen ein.

Medizinische Behandlung

Auch wenn manche Leute meinen, dass Akne irgendwann von selbst wieder aufhört, kann bei schwerer Akne eine medizinische Behandlung erforderlich sein, damit es nicht zu dauerhaften Hautschäden kommt. Die folgenden Hinweise können dir helfen zu entscheiden, ob ein Arztbesuch nötig ist:

- Du benutzt seit zwei oder mehr Monaten ein Aknepräparat, das aber kaum oder gar nicht geholfen hat.
- Deine Akne ist so schlimm, dass du sehr darunter leidest.
- Du hast große, rot entzündete, schmerzhafte Aknepusteln.
- In deiner Familie gab und/oder gibt es schwere Akne.
- Du bist neun oder zehn Jahre alt und hast bereits Akne.

Wenn eine dieser Aussagen auf dich zutrifft, ist es ratsam, zum Arzt oder Hautarzt zu gehen. Er kann dir ein geeignetes Medikament verschreiben, das du nach Anweisung anwenden solltest.

Die positiven Seiten der Pubertät

Nach diesem Kapitel könnte man den Eindruck bekommen haben, dass es bei der Pubertät nur um Schweiß und Pickel geht. Aber das stimmt natürlich nicht! Deshalb sollten wir uns jetzt auch ruhig mal daran erinnern, dass es auch viele positive Seiten gibt, die zur Pubertät gehören. Was fällt dir zu dieser Liste noch ein?

- Abends länger ausgehen dürfen
- Selbstständiger sein können
- Eine frauliche Figur bekommen
- Ernst genommen werden
- Mehr Taschengeld bekommen
- Eigene Entscheidungen treffen können
- Keine Zahnspangen mehr tragen müssen
- Mit einem Jungen weggehen können
- Auf Partys gehen können
- Eigenes Geld verdienen dürfen
- Neue Freunde gewinnen

Vergiss aber nicht, ihm die Präparate zu nennen, die du vielleicht schon angewendet hast oder immer noch anwendest, denn manche Medikamente vertragen sich vielleicht nicht damit. Und auch bei einer medizinischen Behandlung brauchst du viel Geduld. Manchmal dauert es einige Monate, bis deine Akne sich bessert.

Kapitel 6
Der Monatszyklus

In Kapitel 3 haben wir über die äußeren Geschlechtsorgane gesprochen – in diesem Abschnitt geht es um die inneren. Sie heißen auch Fortpflanzungsorgane, weil wir uns mit diesen Organen fortpflanzen, also Kinder bekommen können, und jetzt wollen wir sehen, wie sie sich während der Pubertät verändern.

Eine der Veränderungen zeigt sich darin, dass ein Mädchen jetzt zum ersten Mal seine Periode bekommt und dass in den Eierstöcken der erste Eisprung stattfindet. (Wie du dich vielleicht noch erinnern kannst, befinden sich die Eizellen in den Eierstöcken, und der Eisprung ist das Ausstoßen einer solchen Eizelle aus dem Eierstock, siehe Seite 48f.)

Eine erwachsene Frau hat einmal pro Monat einen Eisprung und bekommt etwa zwei Wochen später ihre Periode, sofern sie in der Zeit des Eisprungs nicht schwanger geworden ist. Dieser Zyklus von Eisprung und Monatsblutung, den man auch Monatszyklus nennt, wiederholt sich jeden Monat von der Pubertät bis zu den Wechseljahren. Allerdings haben junge Mädchen oft schon ihre Periode, ohne dass ein Eisprung stattgefunden hat, denn es dauert meist einige Zeit, bis sich der regelmäßige Zyklus von Eisprung und Monatsblutung eingependelt hat.

Die inneren Geschlechtsorgane
Zu den weiblichen inneren Geschlechtsorganen gehören:
- *Eierstöcke:* Hier befinden sich die Eizellen.
- *Eileiter:* Das sind die schlauchförmigen Gänge zwischen den

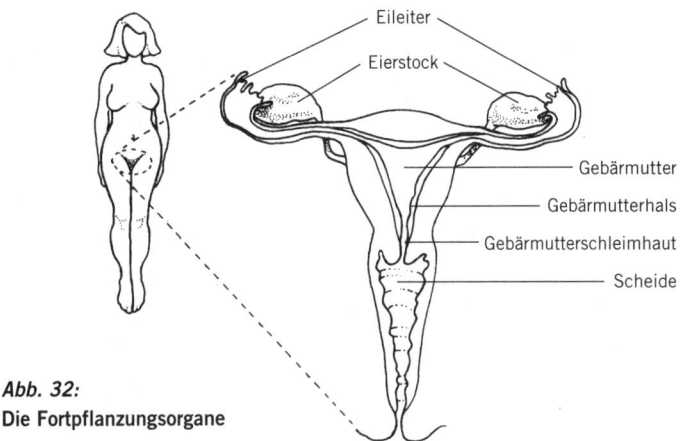

Eileiter

Eierstock

Gebärmutter

Gebärmutterhals

Gebärmutterschleimhaut

Scheide

Abb. 32:
Die Fortpflanzungsorgane

Eierstöcken und der Gebärmutter, durch die die Eizellen auf ihrem Weg zur Gebärmutter wandern.

- *Gebärmutter:* Hier wächst das Baby in den neun Monaten der Schwangerschaft. Die Gebärmutter wird auch Uterus genannt.
- *Gebärmutterschleimhaut:* Das ist die dicke Auskleidung der Gebärmutter, die bei jeder Periode ausgestoßen wird. Bei einer Schwangerschaft nistet sich hier das befruchtete Ei ein.
- *Gebärmutterhals:* Er ist der untere Teil der Gebärmutter, der sich nach oben hin zur Gebärmutter ausweitet.
- *Gebärmutterhalskanal:* Das ist der enge Tunnel mitten im Gebärmutterhals, der von der Scheide zur Gebärmutter führt.
- *Scheide:* Das ist der muskulöse schlauchartige Kanal, der von der Vulva zum Gebärmutterhals führt.

Der innere Wachstumsschub

In der Pubertät beginnen nicht nur die Knochen zu wachsen, sondern auch die inneren Geschlechtsorgane: Die Scheide wird fast doppelt so groß, bis sie schließlich sieben bis zwölf Zentimeter lang ist, und auch die Eierstöcke und die Eileiter werden größer (bei erwachsenen Frauen haben die Eierstöcke meist die Größe und Form einer großen Mandel, die Eileiter sind sieben bis zehn Zentimeter lang und etwa so dick wie eine Spagetti-Nudel). Gebärmutter und Gebärmutterhals wachsen jetzt ebenfalls, und auch die Form der Gebärmutter ändert sich: Bei Mädchen ist sie noch schlauchförmig, bei erwachsenen Frauen hat sie die Form einer auf dem Kopf stehenden Birne und ist auch etwa ebenso groß. Wie du auf Abbildung 33 sehen kannst, liegt die Gebärmutter vor der Pubertät außerdem gerade im Körper, bei Erwachsenen neigt sie sich dagegen in der Regel leicht nach vorne, bei manchen Frauen aber auch nach hinten oder sie bleibt gerade.

Das Scheidensekret

Was sich während der Pubertät in deinem Körper abspielt, kannst du zwar nicht sehen, aber du bemerkst vielleicht irgendwann einen wässrigen Ausfluss aus der Scheide. Er wird Scheidensekret genannt und tritt etwa ein Jahr vor der ersten Periode auf. Es ist also völlig normal, wenn dein Körper jetzt dieses Sekret bildet, und einfach nur ein weiteres Zeichen dafür, dass du jetzt erwachsen wirst.

Das Scheidensekret ist durchsichtig oder weiß und kann, wenn es im Slip trocknet, leicht gelblich aussehen. Durch das Scheidensekret hält der Körper die Scheide sauber und gesund, da es die abgestorbenen Zellen von den Scheidenwänden aus dem Körper ins Freie befördert. An manchen Tagen hat man mehr Scheidensekret als sonst und auch die Farbe und Beschaffenheit können sich ändern: Manchmal ist das Sekret klar und glitschig, an anderen Tagen dagegen weiß und cremig oder dick und zähflüssig. Aber auch diese Veränderungen sind ganz normal.

Bei Infektionen kann sich dagegen ein Ausfluss bilden, der an-

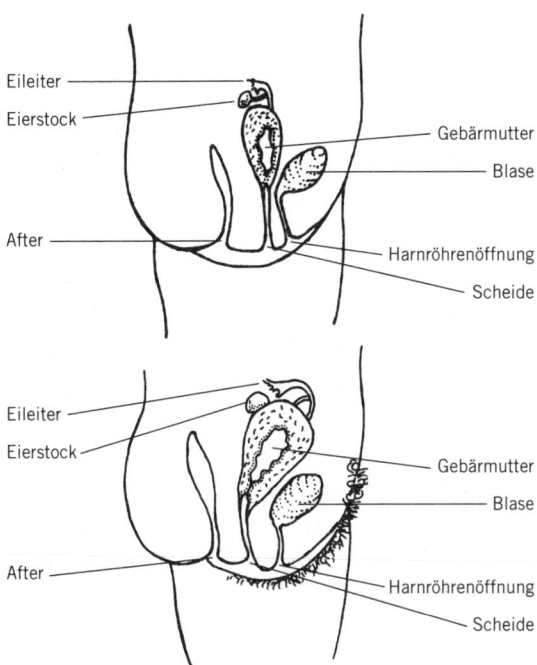

Abb. 33: **Fortpflanzungsorgane vor und nach der Pubertät.** In der Pubertät wachsen die Fortpflanzungsorgane, und die Gebärmutter verändert ihre Lage: Bei Mädchen ist sie fast vertikal, bei erwachsenen Frauen neigt sie sich meist etwas nach vorne.

ders ist als sonst, bei jungen Mädchen zu Beginn der Pubertät aber nur selten auftritt. Solltest du jedoch grünen oder gelben, stark riechenden Ausfluss bekommen, verbunden mit Jucken und geröteter Haut, oder tritt dieser Ausfluss in großen Mengen auf, solltest du unbedingt zu deiner Frauenärztin oder deinem Frauenarzt gehen. Denn wenn wirklich eine Entzündung dahintersteckt, ist es wichtig, dass sie möglichst schnell behandelt wird.

Was sind Hormone?

Hormone lösen nicht nur den Wachstumsschub der inneren Geschlechtsorgane aus, sondern verursachen auch das Scheidensekret und spielen überhaupt bei fast allen Veränderungen in der Pubertät eine wichtige Rolle, egal, ob es sich dabei um das Wachstum der Knochen, die Entwicklung des Busens oder der Schamhaare, um Pickel oder um Körpergeruch handelt.

Hormone sind chemische Botenstoffe, die an bestimmten Stellen des Körpers produziert und über den Blutkreislauf zu den verschiedenen Organen transportiert werden, wo sie dem jeweiligen Organ »sagen«, was es zu tun hat, damit alles reibungslos funktioniert.

Es gibt zahlreiche verschiedene Hormone, aber hier sprechen wir nur über diejenigen, die für die Veränderungen in der Pubertät verantwortlich sind und den Monatszyklus steuern. Diese Hormone werden in der Hirnanhangdrüse und in den Eierstöcken produziert.

Was bewirken die Hormone?

Genau genommen beginnt die Pubertät nämlich im Kopf, in der Hirnanhangdrüse. Lange bevor du irgendwelche äußeren Pubertätszeichen bemerkst, beginnt diese Drüse mit der Produktion eines Hormons, das durch den Blutkreislauf zu den Eierstöcken transportiert wird und diese veranlasst, weitere Hormone herzustellen, die Östrogene. Auch die Östrogene werden nun durch den Körper transportiert und lösen an den betreffenden Stellen viele der Veränderungen aus, die du in der Pubertät bemerkst. Zum Beispiel sind Östrogene dafür verantwortlich, dass sich Fettpolster auf deinen Hüften bilden oder die Brust zu wachsen beginnt (siehe Abbildung 34).

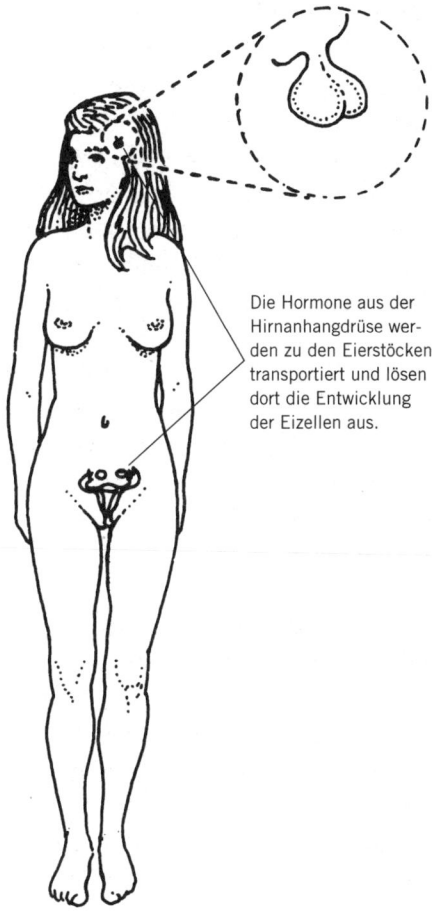

Die Hormone aus der Hirnanhangdrüse werden zu den Eierstöcken transportiert und lösen dort die Entwicklung der Eizellen aus.

Abb. 34: **Die Wirkung der Hormone.** Wenn die Eierstöcke durch die Hormone der Hirnanhangdrüse stimuliert werden, beginnen sie mit der Produktion der weiblichen Östrogene. Diese Hormone lösen viele Veränderungen aus, unter anderem das Wachstum der Brüste und die Entwicklung des Fettgewebes auf den Hüften.

Östrogene und Monatszyklus

Östrogene haben aber nicht nur etwas mit der Pubertät zu tun, sondern steuern auch über viele Jahre hinweg den Monatszyklus, und das funktioniert so:

Zu Beginn jedes Zyklus sendet die Hirnanhangdrüse ein Hormon zu den Eierstöcken, in denen sich Tausende von Eizellen befinden, von denen jede von einem winzigen Bläschen umhüllt wird. Dieses Hormon löst das Wachstum und die Entwicklung von etwa zwanzig Eizellen aus, wodurch die Zellen in den Wänden der Eibläschen, die die Eizellen umschließen, immer mehr Östrogene produzieren. Das hat zur Folge, dass sich der Östrogenspiegel im Blut erhöht und sich dadurch auch die Gebärmutter verändert: In der Gebärmutterschleimhaut bilden sich neue Blutgefäße und die Schleimhaut verdickt sich, damit bei einer möglichen späteren Schwangerschaft der Embryo durch diese Schleimhaut ernährt werden kann.

Was geschieht beim Eisprung?

Im Eierstock wird zur gleichen Zeit eine der heranwachsenden Eizellen plötzlich größer als die anderen und produziert auch viel mehr Östrogene als die übrigen Eizellen. Das ist diejenige, die dann während des Eisprungs ausgestoßen werden wird. Wie und warum eine bestimmte Eizelle »ausgesucht« wird, die dann vollständig ausreift, ist noch nicht geklärt, aber jetzt hören die anderen Eizellen auf zu wachsen und werden allmählich immer kleiner.

Die ausgesuchte Eizelle, die immer noch von ihrem Bläschen umhüllt ist, wird nun so groß, dass sie sich gegen die äußere Wand des Eierstocks drückt, und zwar so sehr, dass sich eine winzige Erhebung auf der Oberfläche des Eierstocks bildet.

Zu diesem Zeitpunkt hat der Östrogenspiegel sein Maximum

Abb. 35: **Eisprung.** *Links:* Die Entwicklung der Eizellen beginnt. *Mitte:* Eine Eizelle erreicht die Oberfläche. *Rechts:* Die Eizelle springt aus dem Bläschen.

erreicht. Dadurch wird eine Botschaft an die Hirnanhangdrüse geschickt, die daraufhin ein weiteres Hormon produziert, das jetzt wiederum zum Eierstock wandert. Es lässt das Eibläschen um die vergrößerte reife Eizelle platzen, sodass die Eizelle herausspringt (siehe Abbildung 35).

Schmerzen beim Eisprung

Die meisten Frauen und Mädchen fühlen nichts, wenn das Eibläschen platzt und die Eizelle herausspringt, und viele merken es noch nicht einmal. Aber manche Frauen verspüren beim Eisprung einen leichten krampfartigen Schmerz auf einer Seite des Unterbauchs, den man auch Mittelschmerz nennt. Er hält allerdings meist nur einige Stunden an, kann bei einigen Frauen aber auch ein bis zwei Tage dauern.

Die Befruchtung

Sobald die Eizelle aus dem Eierstock gesprungen ist, strecken sich die Enden des nahe gelegenen Eileiters wie Finger nach oben und befördern die Eizelle sanft in den Eileiter. Dieser ist mit winzigen Härchen ausgestattet, die sich langsam vor- und zurückbewegen und dadurch die Eizelle in den nächsten Tagen durch den Eileiter in Richtung Gebärmutter befördern.

Auf ihrem Weg durch den Eileiter kann die Eizelle nun einer Samenzelle (Spermium) begegnen. Du erinnerst dich vielleicht noch aus dem ersten Kapitel, dass ein Mann beim Geschlechtsverkehr Sperma in die Scheide seiner Partnerin ergießt. Diese Spermien gelangen dann in die Gebärmutter und bis hoch in die Eileiter.

Wenn also ein Paar in der Zeit um den Eisprung Sex hat, besteht eine gute Chance, dass die Eizelle im Eileiter auf Samenzellen trifft, von denen eine in die Eizelle eindringt. Diese Verbindung zwischen Eizelle und Samenfaden nennt man Befruchtung, und aus der befruchteten Eizelle entsteht nun ein Baby.

Eine Eizelle kann zwar nur in den ersten 24 Stunden nach Verlassen des Eierstocks befruchtet werden, aber die Spermien können bis zu fünf Tage im Körper der Frau überleben. Deshalb können sich auch Spermien von einem Geschlechtsverkehr, der schon einige Tage vor dem Eisprung stattgefunden hat, immer noch im Körper der Frau befinden, wenn die reife Eizelle in den Eileiter gelangt, und sie befruchten. Das heißt, dass eine Frau schwanger werden kann, wenn sie irgendwann in den fünf Tagen vor dem Eisprung oder in den 24 Stunden nach dem Eisprung Geschlechtsverkehr gehabt hat. Aber auch davor und danach besteht noch eine geringe Möglichkeit für eine Schwangerschaft.

Doch ob befruchtet oder nicht – die Eizelle bewegt sich weiter in Richtung Gebärmutter, wo sie fünf bis sieben Tage nach Verlassen des Eierstocks ankommt (siehe Abbildung 36). Inzwischen beginnt der Rest des Eizellenbläschens, das zuvor die reife Eizelle enthielt, mit der Produktion eines weiteren Hormons, dem Progesteron. Dieses Hormon veranlasst die Gebärmutterschleimhaut zur Herstellung einer bestimmten Substanz, die zur Ernährung der befruchteten Eizelle in den frühen Phasen der Schwangerschaft dient.

Wurde die Eizelle befruchtet, nistet sie sich innerhalb von wenigen Tagen in die Gebärmutterschleimhaut ein. Dadurch wird eine neue Nachricht an den Eierstock geschickt, dass der Rest des geplatzten Bläschens auch weiterhin Hormone produzieren soll. Diese Hormone bewirken, dass die Gebärmutterschleimhaut auch weiterhin bestehen bleibt, damit sie die befruchtete Eizelle ernähren kann.

Menstruation und neuer Zyklus

Wurde die Eizelle dagegen nicht befruchtet, nistet sie sich gar nicht erst in der Gebärmutter ein, sondern löst sich einfach auf. Dann wird auch keine Botschaft an den Eierstock geschickt, und das geplatzte Eibläschen hört mit der Produktion des Progesterons auf.

Sobald aber nun der Progesteronspiegel im Blut fällt, baut sich auch die Gebärmutterschleimhaut ab. Das zuerst schwammige Gewebe rutscht die Gebärmutterwände hinunter, löst sich auf und wird schließlich flüssig. Zusammen mit etwas Blut aus der Schleimhaut sammelt sich die Flüssigkeit unten in der Gebärmutter, tropft von dort in die Scheide und schließlich nach und nach durch die Scheidenöffnung, was zwischen zwei und sieben Tage dauern kann. Diese Tage werden auch Menstruation, Periode oder Regel genannt. (Das Ganze kannst du noch mal in der Abbildung 11 auf Seite 54 ansehen).

Durch die verringerte Hormonproduktion in den Eierstöcken baut sich aber nicht nur die Gebärmutterschleimhaut ab und die Menstruation beginnt, sondern der veränderte Hormonspiegel hat auch noch eine andere Wirkung: Wenn die Hormonmenge unter ein bestimmtes Niveau fällt, wird die Hirnanhangdrüse erneut aktiv und schickt wieder ein Hormon zum Eierstock, das die Entwicklung einer neuen Gruppe von etwa zwanzig Eizellen auslöst, sodass ein neuer Zyklus beginnt (siehe Abbildung 36).

Die Wechseljahre

Diese Monatszyklen gehen allerdings nicht bis ans Lebensende weiter. Im Alter zwischen 45 und 55 Jahren hört dieser regelmäßige Monatszyklus ganz langsam wieder auf, denn dann produzieren die Eierstöcke nicht mehr jeden Monat eine reife Eizelle. Dann findet auch kein Eisprung mehr statt und irgendwann hört die Periode ganz auf. Diese Zeit im Leben einer Frau nennen wir Wechseljahre oder Menopause.

Die Länge des Monatszyklus

Der Monatszyklus beginnt mit der Periode, das heißt, der erste Tag der Periode ist auch der erste Tag des Monatszyklus, und ein vollständiger Zyklus dauert vom ersten Tag der Periode bis zum ersten Tag der nächsten Periode.

Die Zykluslänge variiert von Frau zu Frau und kann auch bei einer einzelnen Frau zwischen zwei Zyklen unterschiedlich lange dauern. Der Durchschnitt beträgt etwa 28 Tage, aber es gibt nur wenige Frauen, bei denen der Zyklus über viele Jahre tatsächlich immer genau 28 Tage beträgt. Bei erwachsenen Frauen liegt er meist zwischen 21 und 35 Tagen. So kann zum Beispiel der Zyklus einer Frau einmal 27 Tage dauern, beim nächsten können es dann 29 Tage sein und beim darauf folgenden Zyklus vielleicht 30 oder 28 Tage.

Meist ist der Monatszyklus im Alter zwischen 20 und 40 Jahren am regelmäßigsten, aber es gibt auch Ausnahmen, wie das Beispiel dieser Frau zeigt:

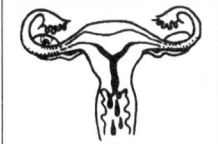

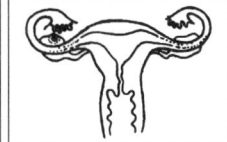

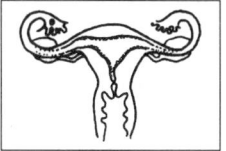

Tage 1–5: In den ersten fünf Tagen des Monatszyklus wird die Gebärmutterschleimhaut abgestoßen und man hat seine Periode. Gleichzeitig entwickeln sich die neuen Eizellen.

Tage 6–13: In diesen Tagen werden die Eizellen immer reifer. Die Gebärmutterschleimhaut beginnt sich zu verdicken und mit Nährstoffen anzureichern.

Tag 14: Bei einem typischen 28-Tage-Zyklus findet an diesem Tag der Eisprung statt.

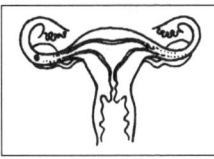

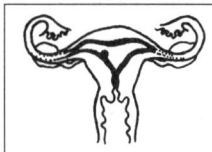

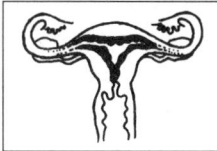

Tage 14–19: In diesen Tagen wird die Eizelle durch den Eileiter zur Gebärmutter transportiert. Die Gebärmutterschleimhaut wird noch dicker.

Tag 20: Die Eizelle errreicht die Gebärmutter.

Tag 21–28: Wenn die Eizelle nicht befruchtet wurde, löst sie sich auf, und die Gebärmutterschleimhaut wird abgestoßen. Die Blutung beginnt am 29. Tag des alten bzw. am ersten Tag des nächsten Zyklus.

Abb. 36: **Ein typischer Monatszyklus.** Ein typischer Monatszyklus dauert achtundzwanzig Tage, die Dauer eines Monatszyklus kann aber auch erheblich länger oder kürzer sein. Junge Mädchen, die gerade erst mit der Menstruation begonnen haben, haben häufig unregelmäßige Monatszyklen.

»Als ich noch jünger war, kam meine Periode immer ganz regelmäßig und ich konnte schon meine Uhr danach stellen – alle 26 Tage. Mit 30 Jahren wurde sie plötzlich unregelmäßig – mal 22 Tage, mal 26 Tage, mal 30 Tage –, aber jetzt hat sich mein Zyklus wieder eingependelt.«

Silvia, 37 Jahre alt

Die Forscher wissen immer noch nicht genau, warum der Zyklus bei manchen Frauen regelmäßig und bei anderen unregelmäßig ist. Sicher ist nur, dass Reisen, seelische Belastungen wie Stress und Angst oder Krankheiten die Länge des Zyklus erheblich beeinflussen können. Interessant ist auch, dass sich bei Frauen, die zusammen leben oder sonst viel miteinander zu tun haben, die Zyklen häufig aneinander anpassen, sodass sie ihre Periode ungefähr zur gleichen Zeit bekommen:

»Ich bekam meine Periode immer zur gleichen Zeit wie die anderen Frauen, mit denen ich zusammen gewohnt habe. Als ich noch zu Hause war, hatten meine Schwestern und ich die Periode fast immer gleichzeitig. Aber als ich dann zur Uni ging, änderte sich mein Zyklus, und irgendwann kam meine Periode dann immer zur Monatsmitte – wie bei meiner Mitbewohnerin im Studentenwohnheim.«
Rita, 24 Jahre alt

Unregelmäßiger Zyklus

Bei jungen Mädchen, die ihre Periode gerade erst bekommen haben, ist der Zyklus meistens noch sehr unregelmäßig – oft liegt er bei 21 und 45 Tagen –, denn es dauert oft zwei bis drei Jahre, bis sich der Körper an die Menstruation und den Eisprung gewöhnt hat (anfangs findet bei vielen Mädchen allerdings noch kein Eisprung statt, obwohl sie schon ihre Tage haben).

Früher hat man sich kaum Gedanken darüber gemacht, wenn ein junges Mädchen einen sehr kurzen oder langen Zyklus hatte, denn man dachte, dass dies durch die hormonellen Schwankungen in diesem Alter bedingt sei. Aber das sehen heute viele Mediziner anders und raten, dass ein Mädchen dann zum Arzt gehen sollte, wenn sein Zyklus wiederholt kürzer als 21 Tage oder länger als 24 Tage dauert. Das bedeutet zwar in der Regel nicht, dass ein medizinisches Problem dahintersteckt, aber die Ursache für eine solche Unregelmäßigkeit sollte trotzdem untersucht werden.

Dauer der Periode

Die Periode kann zwischen zwei und sieben Tage dauern, im Durchschnitt sind es etwa fünf Tage. Auch die Länge der Periode kann von einem Zyklus zum nächsten variieren. So kann zum Beispiel die Menstruation bei einem Zyklus drei Tage, beim nächsten sechs Tage dauern. Meist wird die Dauer der Periode aber regelmäßiger, wenn sich der Abstand zwischen den Monatszyklen eingependelt hat.

Dauert die Periode allerdings häufig länger als sieben Tage, solltest du vorsichtshalber einmal zu deiner Ärztin oder deinem Arzt gehen. Meist steckt zwar kein ernstes Problem dahinter, aber sehr lang anhaltende Perioden, vor allem in Verbindung mit starken Blutungen, können zu Blutarmut (Anämie) führen und sollten deshalb zur Sicherheit untersucht werden.

Menge und Art der Blutung

Obwohl es so aussieht, als ob bei jeder Periode sehr viel Blut verloren geht, ist es in Wirklichkeit nur relativ wenig, nämlich etwa 60 bis 80 Milliliter, was ungefähr dem Inhalt einer halben Kaffeetasse entspricht. In manchen Monaten kann die Periode stärker sein als in anderen, und das ist ganz normal. Aber manchmal kann die Blutung auch so stark sein, dass man vorsichtshalber zum Arzt gehen sollte. Von einer solch übermäßig starken Blutung spricht man, wenn ein Mädchen oder eine Frau einen ganzen Tag lang pro Stunde einen Tampon oder eine Binde braucht (siehe Seite 179ff.), das heißt, wenn die Binde oder der Tampon bereits nach einer Stunde mit Blut vollgesogen ist.

Bei erwachsenen Frauen ist die Blutung meist an den ersten zwei bis drei Tagen der Periode am stärksten. Bei jungen Mädchen kann die Blutungsstärke in den ersten zwei bis drei Jahren nach Beginn der ersten Periode dagegen noch sehr unregelmäßig sein und sich auch von Zyklus zu Zyklus verändern.

Beschaffenheit und Farbe des Bluts

Das Menstruationsblut kann dicke Klümpchen enthalten, vor allem, wenn du eine Weile gesessen oder gelegen hast und das Blut sich in der Gebärmutter gesammelt hat oder wenn kleine Gewebereste mit dem Blut ausgespült werden. Deshalb sieht man die Klümpchen auch meist morgens nach dem Aufstehen. Doch solange die Blutung nicht zu stark ist (siehe oben), musst du dir deshalb keine Gedanken machen.

Die Menstruationsflüssigkeit kann rosa, hellrot, dunkelrot, braun oder rosa- bzw. rotbraun sein. Die Farbe kann sich auch

Vaginalduschen – ja oder nein?

Bei einer Vaginaldusche wird die Scheide entweder mit normalem Wasser, mit einer Wasser-Essig-Mischung oder mit einem besonderen Duschmittel ausgespült. Vaginalduschen sind jedoch nicht sinnvoll, weil das Scheidensekret den Gebärmutterhals und die Scheide auf natürliche Weise sauber hält, damit keine Infektionen entstehen (siehe Seite 148). Vaginalduschen können sogar schädlich sein, weil sie das natürliche chemische Gleichgewicht in der Scheide so verändern, dass es leichter zu Infektionen kommt. Außerdem können sie mögliche unerkannte Scheideninfektionen bis hinauf in die Gebärmutter transportieren.

von einer Periode zur nächsten oder sogar von Tag zu Tag im Verlauf einer Periode verändern. Das braune Blut rührt daher, dass das anfangs hell- oder dunkelrote Blut sich schnell verfärbt, sobald es mit Luft in Berührung kommt. Auch wenn das Blut nur langsam den Körper verlässt, kann es bräunlich aussehen, was oft gegen Ende der Periode der Fall ist.

Was tun, wenn die Periode ausbleibt?

Manchmal kann die Periode ausbleiben oder sogar ganz aufhören. Bei Frauen, die sexuell aktiv sind, ist der Hauptgrund für das Ausbleiben der Periode meist eine Schwangerschaft. Wenn du also Sex hattest und deine Periode nicht bekommst, mach am besten sofort einen Schwangerschaftstest.

Es gibt aber auch andere Gründe, warum die Periode ausbleibt. Bei jungen Mädchen, deren Periode gerade erst angefangen hat, geschieht dies besonders häufig. Aber auch Frauen, deren Menstruation viele Jahre lang regelmäßig war, können gelegentlich mal eine Periode »überspringen«, ohne dass ein medizinisches Problem dahinter stecken muss.

Es ist also ganz normal, wenn deine Menstruation anfangs ab und zu ausbleibt, aber wenn deine Periode bereits regelmäßig war und dann auf einmal mehrere Male nacheinander gar nicht mehr kommt, kann eine andere Ursache vorliegen, zum Beispiel eine hormonelle Störung. Deshalb solltest du zu deiner Ärztin oder zu deinem Arzt gehen, wenn deine Periode nacheinander zwei- bis dreimal ausgefallen ist, ohne dass du schwanger bist.

Was sind Zwischenblutungen?

Manchmal kann eine Zwischenblutung zwischen zwei Perioden auftreten, bei der meist nur einige Tropfen Blut austreten. Es kann aber auch eine leichte Blutung sein, die ein oder zwei Tage anhält. Eine Zwischenblutung in den ein bis zwei Tagen um die Zeit des Eisprungs herum ist nichts Ungewöhnliches, und du kannst leicht selbst feststellen, ob sie etwas mit dem Eisprung zu tun hat: Schreib dir am besten das Datum der Zwischenblutung auf und die Daten, an denen du jeweils deine Periode bekommst. Tritt die Blutung etwa zwei Wochen vor der Periode auf, hat dies sehr wahrscheinlich etwas mit dem Eisprung zu tun. Wenn du dagegen zu anderen Zeiten Zwischenblutungen bekommst oder wenn sie bei mehr als drei aufeinander folgenden Zyklen auftreten, solltest du vorsichtshalber zu deiner Ärztin/deinem Arzt gehen.

Dazu ein Tipp: Auf den letzten Seiten haben wir versucht, dir eine Vorstellung davon zu geben, welche Erscheinungen beim Monatszyklus und bei der Periode normal sind und was eher ungewöhnlich ist. Diese Informationen sind aber nur allgemeine Hinweise. Wenn du das Gefühl hast, dass etwas mit deinem Monatszyklus nicht stimmt, solltest du in jedem Fall zum Arzt gehen, denn je früher man dann etwas unternimmt, umso besser.

Was ist PMS (Prämenstruelles Syndrom)?

Im Verlauf des Monatszyklus, aber vor allem vor und während der Periode gibt es nicht nur körperliche Veränderungen, sondern auch mehr oder weniger starke Stimmungsschwankungen, die sich sehr unterschiedlich ausdrücken können. Manche Frauen haben während der Periode besonders viel Energie, andere bekommen an diesen Tagen einen richtigen Putzfimmel (was ja ganz nützlich sein kann, wenn man das nicht mag), und wieder andere haben dann ihre Heultage oder sind plötzlich gereizt und gehen schon beim geringsten Anlass in die Luft.

Einige Frauen und Mädchen bekommen außerdem sieben bis zehn Tage vor Beginn der Periode knotige, geschwollene und schmerzende Brüste, bei anderen fühlen sich die Beine oder Scheide und Vulva plötzlich schwer wie Blei an, und nicht wenige Mädchen und Frauen leiden kurz vor und während der Periode unter leichten bis schweren Bauchkrämpfen, die durch das Zusammenziehen der Gebärmutter verursacht werden.

Nachfolgend haben wir mal zusammengetragen, welche Veränderungen während des Monatszyklus und besonders vor und während der Periode am häufigsten auftreten. Vielleicht kommt dir ja manches bekannt vor, wenn du selbst deine Tage hast oder kurz davor bist:

- Mehr Energie
- Gesteigertes Glücksgefühl
- Mehr Kreativität
- Bessere Konzentration
- Weniger Energie, Müdigkeit, Erschöpfung
- Allgemeine Unlust
- Plötzlicher Stimmungsumschwung
- Anspannung und Nervosität
- Gereiztheit
- Niedergeschlagenheit
- Konzentrationsstörungen
- Verstärkte sexuelle Gefühle (meist kurz vor dem Eisprung)
- Pickel, Akne und Mitesser
- Besonders klare rosige Haut
- Kopfschmerzen
- Rückenschmerzen
- Beeinträchtigung der Sehfähigkeit
- Durchfall
- Verstopfung
- Geschwollene Knöchel, Handgelenke, Hände oder Füße
- Schwere Beine

- Vergrößerte, empfindliche Brüste
- Geblähter Bauch
- Bauchkrämpfe
- Vorübergehende Gewichtszunahme (meist drei bis fünf Pfund)
- Mehr Appetit
- Heißhunger auf Süßes
- Mehr Durst
- Übelkeit, Völlegefühl
- Verstärkter Harndrang
- Harnwegsinfektion
- Veränderung des Scheidensekrets
- Tropfende Nase
- Geschwüre im Mund

Bei manchen Frauen sind diese Veränderungen sehr ausgeprägt, bei anderen dagegen kaum spürbar, und manche merken auch überhaupt nichts.

Wenn eine Frau oder ein junges Mädchen eine oder mehrere der Veränderungen sieben bis zehn Tage vor der Periode erlebt, sagt man, dass sie an dem so genannten prämenstruellen Syndrom, abgekürzt PMS genannt, leidet. Keiner weiß bisher genau, wodurch PMS verursacht wird – einige Mediziner nehmen an, dass ein Vitamin- und Nährstoffmangel PMS auslösen kann, andere glauben, dass es durch eine Störung des hormonellen Gleichgewichts entsteht. Milde Formen von PMS sind weit verbreitet, und viele Mädchen und Frauen leiden zumindest hin und wieder an einem oder mehreren der häufigsten PMS-Symptome wie Bauchkrämpfe, Pickel, vergrößerte Brüste oder Stimmungsschwankungen.

Wenn du selbst nur leichte PMS-Symptome hast, kannst du vorbeugen, indem du in den Tagen vor den Tagen möglichst wenig Zucker, Kaffee und Schokolade zu dir nimmst, dich ausgewogen ernährst und häufig Lebensmittel mit viel Vitamin B6 und Magnesium isst (vor allem viel grünes Gemüse, Vollkornprodukte oder Nüsse). Wenn du dagegen sehr starke PMS-Beschwerden hast, solltest du dich von deiner Ärztin oder deinem Arzt beraten lassen, was du dagegen tun kannst.

Warum verändert sich das Scheidensekret?

Wenn du deine Periode schon regelmäßig bekommst, hast du vielleicht bemerkt, dass sich auch das Scheidensekret im Lauf eines Monatszyklus verändert. Bei manchen Frauen sind diese Veränderungen deutlich erkennbar, bei anderen weniger, aber in jedem Fall gibt es bestimmte Regelmäßigkeiten, die dir etwas über den Verlauf deines Zyklus zeigen können:

- An den ersten Tagen unmittelbar nach dem Ende der Periode ist meist kaum Scheidensekret vorhanden und Scheide und Schamlippen fühlen sich ziemlich trocken an.

- Einige Tage später nimmt die Menge des Scheidensekrets zu, und die Scheide wird deutlich feuchter. Dieses Sekret ist meist durchsichtig, weiß oder gelblich und kann dünn und wässrig oder relativ dick und klebrig sein.

- In den Tagen um den Eisprung entsteht immer mehr Sekret, das lange, schimmernde Fäden bildet und jetzt meist durchsichtig und ziemlich glitschig ist. Dieses Sekret wird auch fruchtbarer Schleim genannt, weil er sich immer dann bildet, wenn eine Frau fruchtbar ist, also schwanger werden kann. Er ist so zusammengesetzt, dass er den Samenzellen auf ihrer Reise zum Ei hilft und dadurch die Chancen für eine Schwangerschaft erhöht.

- Ein bis drei Tage nach dem Eisprung hört die Produktion des fruchtbaren Schleims wieder auf, und manche Mädchen und

Frauen haben jetzt bis zur nächsten Periode kaum noch Scheidensekret, während sich bei anderen relativ viel klebriges Sekret bildet.

Der Zyklus-Kalender

Wenn du bereits deine Periode hast, ist es sinnvoll, Buch darüber zu führen. Dann hast du bald einen genauen Überblick, wann und welche Veränderungen während deines Zyklus auftreten, zum Beispiel eine Zwischenblutung beim Eisprung, und du lernst, wie dein Zyklus verläuft und wann du ungefähr deine nächste Periode bekommen wirst. (Vergiss aber nicht, dass sie anfangs meist noch nicht regelmäßig ist!)

Besonders praktisch ist ein Kalender, in dem du den ersten und alle weiteren Tage deiner Periode mit einem x markierst. Fängt dann deine nächste Periode an, markierst du auch diese Tage wieder mit einem x, und wenn du jetzt die Zahl der Tage zwischen den zwei Perioden zusammenzählst, weißt du, wie lange dein Monatszyklus dauert (siehe Abbildung 37).

In deinem Kalender kannst du aber auch mögliche Bauchkrämpfe während der Periode, Schmerzen beim Eisprung oder andere Veränderungen im Verlauf des Zyklus vermerken. Zum Beispiel ist dir vielleicht aufgefallen, dass du an den Tagen vor den Tagen immer Heißhunger auf Süßigkeiten bekommst, oder du fühlst dich in dieser Zeit besonders angespannt und empfindlich oder deine Brüste tun dir weh. Wenn du diese Veränderungen in deinen Kalender schreibst, kannst du besser erkennen, ob bestimmte Veränderungen immer zur gleichen Zeit während des Zyklus auftreten. Auch Eintragungen zu den Veränderungen des Scheidensekrets können dir helfen zu erkennen, was sich gerade in deinem Körper abspielt.

S	M	D	M	D	F	S
		1	2	3	4	5
6	7	8	9̷	1̷0̷	1̷1̷	1̷2̷
1̷3̷	1̷4̷	15	16	17	18	19
20	21	22	23	24	25	26
27	28	29	30			

S	M	D	M	D	F	S
				1	2	3
4	5	6	7	8̷	9̷	1̷0̷
1̷1̷	1̷2̷	13	14	15	16	17
18	19	20	21	22	23	24
25	26	27	28	29	30	31

Abb. 37: **Der Zyklus-Kalender.** Wenn du über deine Periode Buch führen willst, nimm am besten einen Kalender wie diesen. In unserem Beispiel begann die Periode des Mädchens am neunten und dauerte sechs Tage, die sie mit einem x markiert hat. Der nächste Zyklus fing am achten des folgenden Monats an, und die Periode dauerte fünf Tage, die ebenfalls markiert wurden. Wenn du jetzt die Tage zwischen den x zusammenzählst (bei diesem Mädchen waren es 23 Tage) und die Anzahl der Tage der ersten Periode (also sechs Tage) hinzuaddierst, weißt du die Länge des Monatszyklus, in unserem Beispiel also 29 Tage.

Kapitel 7
Praktische Tipps rund um die Tage

In diesem Kapitel geht es um viele praktische Tipps rund um das Thema Periode. Wir sprechen über Binden und Tampons – welche am besten geeignet sind und wie man sie anwendet –, aber auch über körperliche Beschwerden und was du dagegen tun kannst.

Wenn die erste Periode unterwegs kommt

Viele Mädchen, die noch keine Periode haben, bei denen es aber bald so weit sein könnte, machen sich Gedanken, wie es wohl beim ersten Mal sein wird. Denn immerhin kann die Periode ja jederzeit und überall kommen – tagsüber oder nachts, zu Hause, in der Schule oder irgendwo unterwegs. Und was macht man dann, wenn es zum Beispiel mitten im Unterricht passiert? Zwei Mädchen erzählten uns dazu Folgendes:

»Meine erste Periode kam, als wir gerade Geschichte hatten. Ich war mir zwar nicht ganz sicher, aber ich hatte so ein komisches Gefühl. Also habe ich der Lehrerin gesagt, dass ich zur Toilette müsste, und da war wirklich Blut in meinem Slip. Zum Glück hatte ein anderes Mädchen eine Binde dabei. Die habe ich dann in meinen Slip geklebt und bin schnell wieder zurück in die Klasse gegangen.«   *Antonia, 13 Jahre alt*

»Ich habe meine erste Periode in der Schule bekommen. Irgendwie wusste ich sofort, was los war, also bin ich zur Toilette gegangen und hab nachgesehen. Weil aber keiner etwas dabeihatte, habe ich einfach etwas Klopapier und ein paar Papiertaschentücher in meinen Slip gelegt, und innerlich gezittert, ob das reicht. Aber zum Glück dauerte die Schule dann nicht mehr lange, und ich bin schnell nach Hause gegangen, um es meiner Mutter zu erzählen.« *Rosi, 13 Jahre alt*

Ein anderes Mädchen berichtete, wie sie sich auf ihre erste Periode vorbereitet hat:

»Ich wusste, dass meine Periode jetzt bald kommen würde. Also habe ich ab der siebten Klasse immer eine Binde in einem kleinen Beutel in der Schulmappe oder in meiner Tasche dabeigehabt.« *Sandy, 14 Jahre alt*

Das Problem lässt sich also meist lösen, und die klassische Horrorgeschichte über die erste Periode verläuft selten so, wie es manchmal erzählt wird: Ein Mädchen hat ihre Periode, und das Blut sickert durch die Unterwäsche in den Rock oder in die Hose, ohne dass das Mädchen es merkt. Sie läuft durch die Schule (oder über die Straße usw.) und weiß nicht, dass sie hinten auf dem Rock oder der Hose einen großen roten Fleck hat. Aber ab und zu kommt es eben doch vor:

»Ich hatte fast ein ganzes Jahr lang immer eine Binde in meiner Tasche und dachte, dass ich gut vorbereitet wäre. Dann bin ich eines Tages in der Pause den Gang in meiner Schule entlanggelaufen, als meine Freundin sagte: ›Hey, du hast ja Blut auf deinem Rock.‹ Da bin ich fast gestorben! ›Stell dich hinter mich‹, habe ich ihr zugeflüstert, und dann lief sie hinter mir den Gang runter und blieb dabei immer so dicht hinter mir, dass niemand was sehen konnte. Dann hab ich meinen Mantel angezogen, mich im Sekretariat krank gemeldet und bin nach Hause gegangen.«   *Hanna, 13 Jahre alt*

Eine solche Situation kann sehr unangenehm sein, kommt erfahrungsgemäß aber nicht oft vor, denn die meisten Mädchen spüren ein Feuchtigkeitsgefühl, bevor das Blut durch die Unterwäsche in den Rock oder die Hose sickern kann. Außerdem bluten die meisten Mädchen beim ersten Mal nicht so stark, dass es gleich zu sehen ist.

Wenn du dir Sorgen machst, dass du deine Periode in der Schule bekommen könntest, sprich am besten mit deiner Mutter, deiner älteren Schwester oder einer Frau, der du vertraust, und vielleicht kann sie dir ein paar nützliche Tipps geben und dir erzählen, wie das bei ihr mit der ersten Periode war.

Viele Mädchen möchten wissen, wie es sich anfühlt, wenn

Wenn man sagt, dass man sie hat, es aber nicht stimmt
Wenn deine Freundinnen und Klassenkameradinnen alle schon ihre Periode haben, nur du nicht, wäre es nicht weiter überraschend, wenn du einfach irgendwann sagen würdest, dass du auch deine Tage hast. Musst du dich jetzt schlecht fühlen, weil du gelogen hast? Wir meinen nein, denn es ist ja keine »echte« Lüge und früher oder später wirst du sie sowieso bekommen. In der Zwischenzeit vergiss aber nicht, dass dein Körper genau das tut, was für dich richtig ist, und dass du dich so akzeptierst, wie du bist.

man seine erste Periode bekommt. Die meisten spüren, dass der Slip feuchter wird oder sie Bauchschmerzen oder -krämpfe bekommen, wenn die Periode kommt. Andere sehen es dagegen erst an den Blutflecken auf der Unterwäsche.

Geschichten über die erste Periode

»Ich war damals gerade bei meiner Großmutter, als ich auf einmal merkte, dass sich mein Slip immer feuchter anfühlte, und ich spürte ein leichtes Ziehen im Bauch. Nach etwa einer Stunde hatte ich das Gefühl, dass es da unten immer feuchter wurde, und ich ging auf die Toilette, um nachzusehen. In meinem Slip war ein kleiner Blutfleck, und ich fand das so toll, dass ich es gleich meiner Oma erzählt habe!«   *Eva, 30 Jahre alt*

»Als ich mit neun Jahren zum ersten Mal etwas über die Periode hörte, dachte ich zuerst, dass es dann schrecklich bluten würde, und ich hab mir vorgestellt, dass eine riesige Blutlache auf dem Fußboden sein würde, wenn ich nicht aufpasse. Aber dann war es nur ein kleiner Fleck, ein paar Tropfen, und da musste ich über mich selbst lachen, als ich an meine Angst dachte.«

Tina, 14 Jahre alt

»Ich habe meine Periode eines Tages in der Schule bekommen und es erst gemerkt, als ich in der zweiten Pause auf die Toilette ging und ein paar bräunliche Flecken in meinem Slip entdeckte. Ich lief schnell in die Klasse zurück, um es meiner besten Freundin zu erzählen, und wir haben uns beide riesig gefreut.«

Lisa, 36 Jahre alt

»Als ich endlich meine erste Periode bekam, war ich schon 16. Wir hatten gerade Sport, und ich wollte mich eben umziehen, als ich es gemerkt habe. Da habe ich mir von einer Freundin eine Binde geben lassen und bin nach der Schule sofort nach Hause gegangen. Ich war unglaublich erleichtert, weil ich schon geglaubt hatte, dass bei mir irgendwas nicht stimmt. Und es war mir immer so peinlich gewesen, weil meine Freundinnen und meine Schwester ihre Periode alle schon so früh bekommen hatten, aber jetzt fühlte ich mich plötzlich wieder ganz ›normal‹.«   *Christina, 18 Jahre alt*

»Ich war schon ganz fertig, weil ich mit 15 immer noch fast keinen Busen und auch keine Periode hatte – meine Freundinnen hatten ihre Tage alle schon mit zwölf oder 13 bekommen. Irgendwann hab ich dann meine Mutter gefragt, ob etwas mit mir falsch läuft und ich vielleicht ein verkappter Zwitter wär, aber sie tröstete mich und meinte, dass alles völlig in Ordnung sei. Doch irgendwie hab ich ihr das nicht geglaubt, bis ich dann endlich doch meine Periode bekam.«   *Caroline, 21 Jahre alt*

»Ich hatte meine Periode mit 14 immer noch nicht und habe meine Mutter dann irgendwann gedrängt, dass sie mit mir zum Frauenarzt geht. Eine Woche später bekam ich dann plötzlich meine erste Periode und war sehr erleichtert, dass doch alles in Ordnung war.«
                                        Angelika, 23 Jahre alt

»Ich war zwölf, als ich mitten in der Nacht aufwachte, weil ich aufs Klo musste. Unterwegs habe ich gemerkt, dass irgendetwas tropfte, und da bekam ich Angst. Meine Mutter hatte zwar mit mir schon über die Periode gesprochen, aber damals hat mich das nicht besonders interessiert, und ich kam zuerst auch gar nicht darauf, dass es die Tage waren. Deshalb habe ich auch nichts gesagt und schnell mein Laken ausgewaschen und den Boden geputzt. Ich glaube, ich habe es dann erst zwei Tage später meiner Mutter erzählt, denn irgendwie habe ich mich geschämt, weil ich dachte, dass ich für die Periode eigentlich noch zu jung wäre. Aber meine Mutter hat sich sehr gefreut und es gleich meinem Vater erzählt. Dann haben wir beim Abendessen darüber gesprochen, und da ging es mir dann wieder richtig gut.«

Martina, 16 Jahre alt

»Ich habe meine Periode schon mit zehn Jahren bekommen, als ich gerade Schwimmen hatte. Ich wusste zwar, was das Blut in meinem Slip bedeutete, aber damals war mir das zuerst total peinlich. Und als meine Mutter es dann auch gleich noch brühwarm meiner Oma erzählt hat, wurde ich richtig sauer. Irgendwie war ich ziemlich geschockt und dachte, dass ich jetzt ganz schnell erwachsen werden müsste.«

Janina, 15 Jahre alt

»Ich habe meine erste Periode mit 14 bekommen und war mit meinen Freundinnen gerade beim Schwimmen, als es ganz plötzlich anfing. Irgendwie habe ich es dann zwar zur Toilette geschafft, aber ich weiß noch, dass ich mich dabei dauernd umgedreht habe, weil ich sehen wollte, ob die anderen Leute etwas gemerkt hatten. Als ich dann nach Hause kam, hat meine Mutter mir gezeigt, wie man Binden benutzt. Die hatte ich zwar immer im Bad stehen sehen und sogar schon mal eine für einen Verband benutzt, aber an diesem Tag hat meine Mutter das erste Mal mit mir darüber gesprochen. Danach bin ich aufs Fahrrad gestiegen und zu meiner Freundin gefahren, um ihr die große Neuigkeit sofort zu erzählen.«

Annette, 24 Jahre alt

»Ich war 13, und wir hatten gerade Englisch, als ich fühlte, wie mein Slip plötzlich ganz feucht wurde. Ich ging aufs Klo und war total entsetzt, als ich sah, dass das jetzt meine Periode war. Weil ich natürlich nichts dabeihatte, hab ich mir einfach ganz viel Papiertaschentücher in den Slip gelegt. Dann ging ich zurück in die Klasse und tat so, als ob alles in Ordnung wäre. Es war mir so peinlich, und in der Pause habe ich dann nach meiner zwei Jahre älteren Schwester gesucht, der ich das als Einziger sagen wollte. Was dann passiert ist, weiß ich nicht mehr, aber zum Schluss war irgendwie doch alles wieder in Ordnung.«   *Beate, 30 Jahre alt*

»Ich war zwölf, als ich in der Pause zur Toilette ging und sah, dass da plötzlich ganz viel Blut in meinem Slip war. Das habe ich dann ganz einfach mit Tempotaschentüchern aufgesaugt. Als ich nach Hause kam, habe ich meine Mutter in der Arbeit angerufen, um es ihr zu erzählen und ihr zu sagen, dass sie Binden mitbringen sollte. Ich empfand meine erste Periode als etwas ganz Normales.«   *Leonie, 15 Jahre alt*

»Ich habe meine Periode mit elf bekommen und war zuerst überhaupt nicht darauf vorbereitet – mit Binden oder Tampons und so. Damals hatten wir gerade Sommerferien. Also ging ich zu meiner Mutter, nachdem ich es gemerkt hatte, aber sie sagte nicht viel, nur, dass wir ein paar Binden für mich besorgen müssten. Ich war irgendwie stolz, dass ich jetzt erwachsen werden würde, und nahm das Ganze ziemlich gelassen.«

Trixi, 17 Jahre alt

»Mir war meine erste Periode überhaupt nicht peinlich, und ich hab mich total gefreut, als ich es gesehen habe, obwohl es mir da ziemlich schlecht ging. Ich hatte schlimme Bauchkrämpfe, und auch die Blutung war ziemlich stark. Als ich dann gemerkt habe, dass die Tage bei mir oft so unangenehm waren, hab ich mich gefragt, warum ich meine Periode vorher immer so unbedingt haben wollte.« *Michaela, 22 Jahre alt*

»Ich war erst elf, als ich meine Periode bekam, und niemand hatte mir bis dahin irgendetwas darüber erzählt. Als ich sah, dass da plötzlich Blut aus mir herauskam, bekam ich schreckliche Angst. Ich dachte, dass ich mich verletzt hätte und vielleicht sterben müsste, und fing ganz laut an zu schreien. Meine Mutter kam dann zwar schnell gelaufen, aber als sie sah, was das war, fing sie an zu lachen. Ich kam mir ziemlich blöd vor und war sauer auf meine Mutter, dass sich mich so auslachte.« *Anita, 29 Jahre alt*

»Ich war elfeinhalb, als ich eines Tages plötzlich ziemliche Bauchschmerzen bekam, die sich wie Verstopfung oder Durchfallkrämpfe anfühlten. Auf der Toilette sah ich dann, dass etwas Braunrotes in meinem Slip war, aber weil wir in diesem Schuljahr gerade einen Film über die Menstruation gesehen hatten, wusste ich schon, was das war. Meine Mutter hatte nicht mit mir darüber gesprochen, und als ich ganz aufgeregt nach Hause lief, um es ihr zu erzählen, sagte sie nur, wo die Binden im Bad liegen. Es kam mir so vor, als ob sie gar nicht wollte, dass ich meine Periode bekam. In der Woche darauf sind meine Eltern dann mit mir zum Frauenarzt gegangen und haben verlangt, dass er mir die Pille verschreibt, obwohl ich damals noch Jungfrau war – mir war das schrecklich peinlich, und ich fühlte mich total gedemütigt. Ganz unglücklich rief ich meine beste Freundin an, um ihr alles zu erzählen, aber als sie hörte, dass ich meine erste Periode bekommen hatte, freute sie sich richtig, und ihre Mutter gratulierte mir sogar. Da war ich ganz verwirrt. Ich wusste überhaupt nicht mehr, wie ich mich verhalten sollte, und hab deshalb auch niemandem mehr etwas gesagt.«

Silvia, 33 Jahre alt

»Mit 16 Jahren hab ich schließlich doch noch meine Tage gekriegt. Ich weiß noch, dass ich gerade mit meinen Freundinnen unterwegs war, als ich zur Toilette ging und gesehen habe, dass da Blut war. Natürlich hab ich es sofort den anderen Mädchen erzählt, und alle haben geklatscht und waren genauso aufgeregt wie ich.«

Bianca, 25 Jahre alt

Wie sag ich's meinen Eltern?

Die erste Periode zu bekommen, ist eine Sache – es den Eltern zu erzählen, eine andere. Zumindest scheint das für einige Mädchen zu gelten, die uns geschrieben haben:

»Meine Mutter hat noch nie mit mir über die Tage gesprochen. Was soll ich ihr denn sagen, wenn ich irgendwann meine Periode bekomme?«   *Carina, 11 Jahre alt*

»Hilfe, was soll ich tun? Ich habe jetzt schon zum dritten Mal meine Periode, es meiner Mutter aber immer noch nicht gesagt, weil ich nicht weiß, ob das nicht irgendwie komisch ist.«   *Sina, 12 Jahre alt*

»Ich wohne seit der Scheidung meiner Eltern bei meinem Vater. Er hat das Thema noch nie angeschnitten, und mir ist es auch peinlich, mit ihm darüber zu sprechen. Jetzt weiß ich nicht, was ich tun soll, wenn ich mal meine erste Periode bekomme.«   *Monika, 11 Jahre*

Kommen dir diese Fragen bekannt vor? Wenn ja, dann können dir die folgenden Tipps vielleicht helfen, einen Weg zu finden, wie du deinen Eltern die große Neuigkeit am besten erzählst.

Wenn du deine erste Periode schon hast, könntest du es ihnen ganz einfach und direkt sagen: »Stellt euch vor, ich habe meine Tage bekommen.«

Wenn es dir leichter fällt, zuerst einmal nur mit deiner Mutter darüber zu reden, dann ist das natürlich genauso in Ordnung und vielen Jugendlichen geht es ähnlich. Aber nicht alle Mädchen wohnen mit beiden Eltern zusammen. Wenn du bei deinem Vater lebst, kannst du es auch einer Tante, deiner Oma oder einer

Freundin der Familie erzählen, die dir dann auch dabei behilflich sein kann, es deinem Vater zu sagen. Aber lass deinen Vater nicht gleich außen vor, nur weil er ein Mann ist, denn auch Männer wissen über diese Dinge gut Bescheid. (Als sich einmal ein allein erziehender Vater mit seiner Tochter zu einem unserer Seminare anmeldete, dachten zuerst einige Mütter, dass er vielleicht stören könnte, aber dann war er der Hit des Seminars. Danach kamen immer mehr Väter zu unseren Seminaren, und bisher war es immer ein Gewinn für alle.)

Wenn du deine Periode noch nicht hast und glaubst, dass es deinen Eltern schwer fallen könnte, mit dir darüber zu sprechen, kannst du sie auf dieses Ereignis vorbereiten, indem du das The-

Kann man ...?

Mitunter gibt es die merkwürdigsten Gerüchte, was man während der Periode tun darf und was nicht, zum Beispiel, ob es gut oder schlecht ist, wenn man an diesen Tagen badet oder duscht, sich die Haare wäscht, reitet, schwimmt oder Sport treibt, kalte Getränke zu sich nimmt oder Sex hat usw. Die Antwort ist, man darf – und zwar alles, denn das, was man tun kann, wenn man die Tage nicht hat, kann man auch während der Periode tun.

Kalte Getränke oder intensiver Sport verlängern weder die Dauer der Periode, noch führen sie zu stärkeren Blutungen oder zu anderen Beschwerden. Und wenn du deine Tage hast, solltest du sogar täglich duschen oder baden, da das Menstruationsblut nach einer Weile anfangen kann zu riechen (wenn du badest oder schwimmen gehst, solltest du allerdings besser einen Tampon statt einer Binde nehmen).

ma ganz beiläufig ins Gespräch bringst. Du könntest zum Beispiel deine Mutter fragen, wie alt sie war, als sie ihre erste Periode bekam, wie sie es ihrer eigenen Mutter erzählt hat und wie es ihr dabei ging.

Tampons oder Binden?

In allen Kulturen und zu allen Zeiten haben Frauen viele verschiedene Materialien als Menstruationsschutz verwendet, von Naturschwämmen bis zu zusammengefalteten Stofftüchern. Heute steht uns eine große Auswahl an Binden und Tampons zur Verfügung, die beide gleich gut geeignet sind, um das Menstruationsblut aufzunehmen. Der einzige Unterschied ist, dass Tampons in die Scheide eingeführt und Binden außerhalb des Körpers getragen werden.

So funktionieren Binden

Binden bestehen aus mehreren Schichten eines weichen saugfähigen Materials. Die meisten haben eine besonders saugstarke Innenschicht, die verhindert, dass das Blut durch die Binde sickert. Binden werden auf der Innenseite im Schritt des Slips befestigt – meist mit einem Klebestreifen auf der Unterseite. Damit die Binde nicht verrutscht, brauchst du nur den glänzenden Papierstreifen auf dem Klebeband zu entfernen und die Binde mit der klebrigen Seite nach unten in den Slip zu drücken (siehe Abbildung 38). Es gibt aber auch Binden mit Seitenflügeln, die um den Schritt des Slips geheftet werden und dadurch die Binden an ihrem Platz halten.

Welche Binde passt?

Maxibinden, dünne Maxibinden, extradünne Maxibinden, dünne Supermaxibinden, ultradünne lange Maxibinden mit Flügeln –

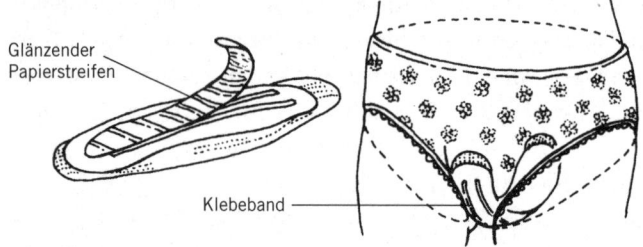

Abb. 38: **Binden mit Klebestreifen.** Wenn du Binden mit Klebeband benutzt, ziehst du den glänzenden Papierstreifen vom Klebeband ab und drückst die Binde mit der klebrigen Seite nach unten in den Schritt deines Slips.

wenn dich all diese Namen verwirren, dann geht es nicht nur dir so, aber wir können dir beim Sortieren vielleicht etwas helfen. Binden unterscheiden sich in der Form und nach Breite, Länge und Dicke (siehe Abbildung 39):

- *Form:* Einige Binden sind flach mit geraden Seiten, andere sind in der Mitte schmaler als an den Enden, und wieder andere sind in der Mitte etwas gewölbt. Welche Form am besten ist, lässt sich nicht allgemein sagen, sondern ist eine Frage, womit du dich am wohlsten fühlst.

- *Breite:* Manche Firmen bieten auch besonders schmale Binden für kleine, zierliche Frauen und Mädchen an. Wenn deine normalen Binden nicht richtig passen, könntest du diese Variante probieren.

- *Länge:* Binden können nach vorne oder nach hinten verrutschen, sodass das Blut in den Slip anstatt in die Binde tropft. Wenn dies auch bei dir geschieht, nimm am besten Binden, bei denen »lang« oder »extralang« auf der Packung steht.

- *Dicke:* Die meisten Binden werden als »normal«, »dünn« und »ultradünn« angeboten. Außerdem gibt es Slipeinlagen – hauchdünne Binden – und extra-dicke Binden für die Nacht, die besonders saugfähig sind. Slipeinlagen sind dagegen so dünn, dass sie in der Regel sogar bei sehr leichter Blutung nicht ausreichen. Zusammen mit einem Tampon können sie jedoch zusätzliche Sicherheit während der Periode bieten. Normale, dünne und ultradünne Binden sind sehr saugfähig, wobei die Ultradünnen die Menstruationsflüssigkeit etwas

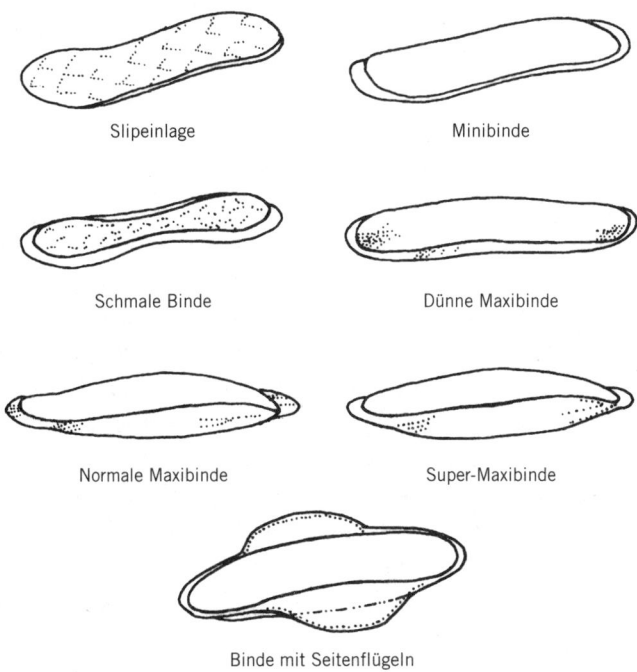

Slipeinlage   Minibinde

Schmale Binde   Dünne Maxibinde

Normale Maxibinde   Super-Maxibinde

Binde mit Seitenflügeln

Abb. 39: **Verschiedene Bindentypen.** Slipeinlagen sind die dünnsten Binden mit der geringsten Aufnahmefähigkeit. Minibinden sind etwas dicker als Slipeinlagen, Supermaxibinden sind die dicksten, die am meisten Flüssigkeit aufsaugen können. Schmale Binden eignen sich meist besonders gut für Teenager, denn sie sind kürzer und schmaler als Maxibinden. Binden mit Flügeln werden um den Schritt des Slips befestigt.

langsamer aufnehmen als die anderen. Das kann dann ungünstig sein, wenn auf einmal eine größere Menge Blut austritt, was zum Beispiel dann geschehen kann, wenn du hustest, niest oder nach längerem Sitzen wieder aufstehst.

Binden wechseln

Das Tragen einer Binde kann sich am Anfang etwas seltsam anfühlen, etwa so, als ob man ein aufgerolltes kleines Handtuch im Slip trägt, das alle sehen können. Aber das stimmt nicht, denn wenn du dich mal im Spiegel anschaust, wirst du feststellen, dass Binden ganz unauffällig sind.

Der Gebrauch von Binden ist ganz einfach, wenn man ein paar Regeln beachtet:

- Selbst an Tagen mit leichter Blutung solltest du deine Binde tagsüber alle vier bis sechs Stunden wechseln, damit kein unangenehmer Geruch entsteht. Das Menstruationsblut ist zwar völlig geruchlos, aber sobald es an die Luft kommt, wird es durch Bakterien zersetzt und beginnt dann zu riechen.
- Wirf gebrauchte Binden nicht in die Toilette. Selbst wenn eine Binde biologisch abbaubar ist oder sich angeblich auflöst, kann sie vor allem ältere Rohre verstopfen.
- Bevor du gebrauchte Binden in den Abfalleimer wirfst, falte sie einmal zusammen und wickele sie in Papiertaschentücher oder Toilettenpapier, damit kein unangenehmer Geruch entsteht.

So funktionieren Tampons

Tampons sind kleine, eng zusammengerollte Zylinder aus Baumwolle oder einem anderen saugfähigen Material, die in die Scheide eingeführt werden, um die Menstruationsflüssigkeit gleich an Ort und Stelle aufzusaugen. Am unteren Ende des Tampons befindet sich ein Rückholfaden, der aus der Scheidenöffnung heraushängt. Durch sanftes Ziehen an diesem Faden wird der Tampon wieder aus der Scheide entfernt.

Tampons lassen sich ganz einfach anwenden, aber zuerst wollen wir die häufigsten Fragen zu Tampons beantworten:

- Auch Frauen und Mädchen, die noch keinen Geschlechtsverkehr hatten, können Tampons benutzen. Der Tampon wird durch die Öffnung des Jungfernhäutchens geschoben, wodurch das Jungfernhäutchen zwar nach und nach gedehnt wird, aber nicht einreißt (siehe Seite 98).

- Tampons kann man nicht zu weit hineinschieben, und sie können auch nicht hochrutschen oder verloren gehen, denn die Scheide hat zwei Öffnungen, eine äußere, durch die du den Tampon schiebst, und eine innere, die zur Gebärmutter führt. Und weil diese innere Öffnung nicht größer ist als ein Streichholzkopf, kann ein Tampon auch keinesfalls in die Gebärmutter gelangen. Aber manchmal rutscht der Rückholfaden hoch und hängt dann nicht mehr aus der Scheide. Zum Glück lässt sich dieses Problem aber leicht lösen (siehe Seite 190).

- Wenn man jedoch aus Versehen einen zweiten Tampon in die Scheide schiebt, ohne dass der erste vorher herausgenommen wurde, kann dieser sich im oberen Teil der Scheide quer legen, ohne dass man es gleich merkt. Sobald du ihn fühlst, solltest du den Tampon herausnehmen, was aber meist nicht besonders schwierig ist (siehe Seite 190).

- Wenn ein Tampon richtig eingesetzt und an seinem Platz ist, merkst du überhaupt nicht mehr, dass er da ist. Wenn du ihn dagegen spürst, hast du ihn nicht tief genug eingeführt. Schieb ihn dann einfach mit deinem Finger etwas weiter hinein oder nimm ihn heraus und führ einen neuen Tampon ein.

- Ein Tampon kann auch nicht aus Versehen herausrutschen.

Was ist Toxisches Schocksyndrom (TSS)?

TSS ist die Abkürzung für Toxisches Schocksyndrom, eine seltene, aber sehr ernste Erkrankung, die bei Menschen jeden Alters und beiderlei Geschlechts auftreten kann und bei Frauen meist mit dem Gebrauch von Tampons in Verbindung gebracht wird. TSS wird durch Bakterien auf der Haut und in der Scheide ausgelöst und beginnt meist mit plötzlichem Fieber, Erbrechen und Durchfall, manchmal treten auch Kopfschmerzen, Halsschmerzen oder Muskelschmerzen auf, und innerhalb von achtundvierzig Stunden kann die/der Betroffene dann sehr geschwächt und erschöpft wirken und häufig bildet sich ein roter Ausschlag, der sich schließlich wie Sonnenbrand schält. Wenn TSS durch die Verwendung von Tampons ausgelöst wird, treten die Symptome meist während der Periode oder in den ersten Tagen danach auf.

Da Blut ein guter Nährboden für die TSS auslösenden Bakterien ist, können diese sich rasch vermehren, wenn man einen Tampon zu lange im Körper behält. Das betrifft vor allem Mädchen und Frauen, die große, besonders saugfähige Tampons benutzen, die sie weniger oft wechseln, sodass es leichter zu Infektionen kommen kann. Aus diesem Grund ist es besser, eher kleinere Tampons zu verwenden, sie alle vier bis acht Stunden zu wechseln und nachts anstelle eines Tampons eine Binde zu verwenden.

Wenn er einmal eingeführt ist, halten ihn die Scheidenwände fest, und die starken Muskeln in der Scheidenöffnung verhindern, dass der Tampon rausfällt.

- Selbst wenn man den Tampon richtig einführt und oft genug wechselt, kann es ab und zu vorkommen, dass etwas Menstruationsflüssigkeit am Tampon vorbei in den Slip tropft. In diesem Fall kann eine Slipeinlage für einen noch besseren Schutz sorgen.

- Wenn man auf die Toilette geht, muss man den Tampon vorher nicht herausnehmen, denn der Körper hat ja drei getrennte Öffnungen, nämlich Harnröhre, Scheide und After. Ein Tampon in der Scheide hat deshalb auch keinen Einfluss auf das Harnlassen oder den Stuhlgang. Wenn der Rückholfaden beim Urinieren nass wird, kannst du ihn mit Toilettenpapier abtrocknen.

- Du brauchst dir auch keine Sorgen zu machen, dass du den Tampon in die falsche Öffnung einführst. Es ist einfach nicht möglich, einen Tampon in die Harnröhrenöffnung einzuführen, da sie viel zu klein ist. Und obwohl es theoretisch möglich ist, ihn in den After einzuführen, ist es sehr unwahrscheinlich, dass dir das aus Versehen passiert, denn du würdest schnell spüren, dass du an der falschen Stelle bist.

- Einen Tampon solltest du nicht verwenden, um damit das Scheidensekret aufzusaugen, denn das hält die Scheide sauber und schützt vor Infektionen.

Welches Tampon passt?

Die meisten Tampons gibt es in drei oder vier verschiedenen Größen, die jeweils auf der Packung angegeben sind:

- *Mini:* Das sind die kleinsten Tampons, die am wenigsten Menstruationsflüssigkeit aufnehmen und an den Tagen mit leichterer Blutung verwendet werden. Sie sind meist auch besonders schmal und lassen sich deshalb am leichtesten einführen.

- *Normal:* Diese Tampons können mehr Flüssigkeit als die Minis aufnehmen und eignen sich für leichte bis mittlere Blutungen.
- *Super:* Diese Tampons sind saugfähiger als die normalen und werden bei mittelstarken bis starken Blutungen verwendet. Außerdem sind sie meist erheblich dicker als die Minis oder die normalen Tampons und lassen sich deshalb vor allem bei jungen zierlichen Mädchen manchmal nur schwer einführen.
- *Superplus:* Diese Tampons können am meisten Menstruationsflüssigkeit aufnehmen und sind noch dicker als die Super-Tampons.

Welche der Größen am besten zu dir passt, kannst du ganz einfach herausfinden: Wenn du einen Tampon öfter als alle drei bis vier Stunden wechseln musst, solltest du dich für die nächstgrößere Größe entscheiden. Wenn der Tampon dagegen trocken ist oder beim Herausziehen fast kleben bleibt, ist die Saugkraft zu stark, und du solltest die nächstkleinere Größe wählen. Viele Frauen benutzen Tampons unterschiedlicher Größe an den verschiedenen Tagen der Periode, je nachdem wie stark die Blutung ist. Allerdings lassen sich die größeren Tampons bei zierlichen Mädchen manchmal nicht ganz problemlos einführen.

Einführhilfen für Tampons

Die meisten Tampons haben keine besondere Einführhilfe, sondern werden einfach mit der Fingerspitze sanft an die richtige Stelle geschoben.

Bei anderen Tampons gibt es ein Stäbchen als Einführhilfe, mit dem man den Tampon an die richtige Stelle schiebt. Danach zieht man das Stäbchen wieder heraus und wirft es weg.

Manche Tampons sind auch mit einer Einführhülse ausgestattet, die aus zwei Teilen besteht, nämlich aus einer Papp- oder

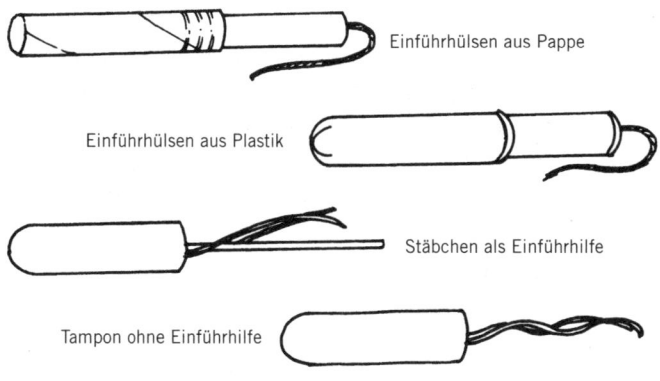

Einführhülsen aus Pappe

Einführhülsen aus Plastik

Stäbchen als Einführhilfe

Tampon ohne Einführhilfe

Abb. 40: **Verschiedene Tampon-Typen**

Plastikhülse, die den Tampon enthält, und einer schmaleren Hülse, die hinter dem Tampon in die breitere Hülse passt. Um den Tampon einzuführen, schiebt man zunächst das Ende der breiteren Hülse in die Scheidenöffnung. Dann drückt man die schmalere Hülse durch die breite, die wiederum den Tampon aus der Hülse und in die Scheide schiebt.

Tampons einsetzen

Wie bei vielen anderen Dingen, die man zum ersten Mal tut, kann auch das Einführen des ersten Tampons etwas knifflig sein (vielleicht nimmst du einfach mal einen Tampon auseinander und schaust ihn dir von innen an). Damit es problemlos klappt, haben wir einige Tipps für das erste Mal gesammelt:

- Nimm die kleinste Tampon-Größe, denn die Minis sind besonders schmal und lassen sich am leichtesten einführen.
- Finde die richtige Stelle. Am besten holst du dafür einen Spiegel, suchst die Scheidenöffnung und steckst einen Finger in die Scheide (dann zieh ruhig mal die Muskeln an der Schei-

denöffnung zusammen, damit du fühlen kannst, wie fest sie sind – diese Muskeln sorgen dafür, dass der Tampon nicht herausrutschen kann). Jetzt musst du den Tampon weit genug in die Scheide schieben, um an diesen Muskeln vorbeizukommen, sonst bleibt er stecken. Dabei kannst du dich zwar nicht verletzen, aber es ist sehr unbequem.

- Ziel in die richtige Richtung. Wenn du dir Abbildung 41 anschaust, kannst du sehen, dass die Scheide nicht senkrecht von oben nach unten, sondern leicht schräg verläuft. Wenn du also den Tampon gerade nach oben schiebst, klappt es nicht, sondern du musst ihn schräg nach hinten einführen.

- Wenn deine Scheide sehr trocken ist, nimm einfach etwas Vaginal-Gleitgel – es ist rezeptfrei in der Apotheke erhältlich und lässt sich mit Wasser problemlos wieder abwaschen – und fette damit die Spitze des Tampons leicht ein, bevor du ihn einführst. Verwende dafür jedoch keine Vaseline oder parfümierte Lotionen, da sie die empfindliche Scheidenschleimhaut reizen können.

- Entspann dich beim Einführen des Tampons, denn wenn du angespannt bist, sind auch die Scheidenmuskeln verspannt, und das wiederum erschwert das Einführen. Atme vorher am besten einige Male langsam und tief durch, entspann dich beim Ausatmen und sag dir selbst, dass, wenn Millionen Frauen es können, du es auch kannst. Man braucht einfach nur etwas Zeit, um sich daran zu gewöhnen.

- Wenn dir das Einsetzen wehtut oder wenn dir dabei schwindlig wird, hör wieder auf und probier es keinesfalls mit Gewalt.

Normalerweise ist die Öffnung im Jungfernhäutchen – das dünne Häutchen, das die Scheidenöffnung teilweise bedeckt (siehe Seite 98) – weit genug für einen Tampon, manchmal aber auch

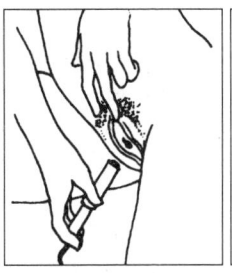 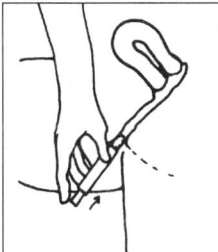 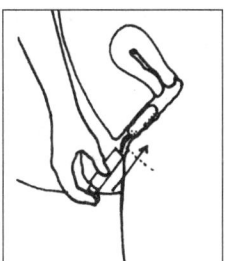

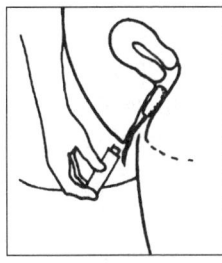

Abb. 41: Tampons richtig einführen. Tampons sind kleine, eng gerollte Zylinder aus Baumwolle oder einem anderen saugfähigen Material, das die Menstruationsflüssigkeit aufsaugt. Sie können mit und ohne Einführhilfe in die Scheide geschoben werden.

nicht. Wenn sie zu eng ist, um den Tampon einzuführen, kannst du sie selbst ein wenig dehnen, was allerdings sanft und langsam geschehen sollte und mehrere Tage oder sogar Wochen dauern kann. Hier ein paar Tipps, wie du es machen kannst:

Trag etwas Vaginal-Gleitgel auf deinen Zeigefinger auf (keine Vaseline oder Lotionen, die parfümiert sind oder chemische Zusatzstoffe enthalten!), und schieb den Finger durch die Scheidenöffnung so weit hinein, wie es dir angenehm ist. Jetzt drück den Finger ein wenig in Richtung After, halte den Druck einige Minuten und lockere ihn dann wieder. Das kannst du mehrmals wiederholen und den Druck beim nächsten Mal leicht verstärken. Mach diese Übung so lange, bis du zwei Finger einführen kannst, und drück dann auch leicht auf die Seiten der Scheidenöffnung. Diese Übung kannst du dann täglich machen, bis du den Tampon ganz bequem einführen kannst.

Tampons wechseln

Beim Gebrauch von Tampons solltest du einige Regeln beachten:

- Wechsle den Tampon alle vier bis acht Stunden. Nachts solltest du besser eine Binde anstatt eines Tampons verwenden.

- Gebrauchte Tampons kannst du in der Toilette entsorgen (mit Ausnahme von wirklich uralten Leitungen), aber wirf nicht die Einführhülsen oder die Verpackung hinein, da die Rohre sonst verstopfen können.

- Vergiss nicht, den Tampon rechtzeitig wieder herauszunehmen. Das geschieht gar nicht so selten, denn Tampons lassen sich so bequem tragen, dass man sie leicht vergisst, besonders gegen Ende der Periode, wenn die Blutung schon fast aufgehört hat. Bleibt der Tampon aber zu lange im Körper, steigt das Risiko von TSS (siehe Seite 184). Wenn du doch einmal einen Tampon vergessen hast, nimm ihn einfach heraus, sobald du daran denkst – meist wird man durch einen unangenehmen Geruch darauf aufmerksam. Dieser Geruch verschwindet dann meist von selbst, sobald du den Tampon entfernt hast. Wenn nicht, solltest du vorsichtshalber zu deiner Frauenärztin oder deinem Frauenarzt gehen.

- Manchmal kann es auch geschehen, dass der Rückholfaden in den oberen Teil der Scheide rutscht, sodass du den Tampon nicht mehr herausziehen kannst, oder dass sich der Tampon seitlich in der Scheide verschiebt. Das ist kein Problem, denn der Tampon kann auf keinen Fall verloren gehen oder in der Scheide zu weit hochrutschen. In diesem Fall greif einfach mit Daumen und Zeigefinger in die Scheide und zieh den Tampon vorsichtig heraus (wenn du sehr kurze Finger hast, kann das schwierig sein, aber wenn du dich beim Herausziehen wie beim Stuhlgang etwas vorbeugst, lässt sich der Tampon meist gut erreichen).

Bauchkrämpfe und andere Beschwerden

Die meisten Mädchen und Frauen kennen Periodenschmerzen. Meist sind sie nur schwach bis mittelstark, aber etwa zehn Prozent aller Mädchen und Frauen hat kurz vor und während der Periode so starke Bauchkrämpfe, dass sie nicht mehr zur Schule oder zur Arbeit gehen kann.

Die Krämpfe gehen vom Unterbauch aus und strahlen häufig bis in den unteren Rückenbereich und in die Oberschenkel aus. Sie können stechend, drückend oder dumpf sein und sehr plötzlich, in Wellen oder ständig auftreten. Manche klagen auch darüber, dass die Vulva sich dann ganz schwer anfühlt, als ob sie nach unten gedrückt würde.

Die Krämpfe setzen meist mit Beginn der Periode ein, können aber auch schon etwa einen Tag vor oder nach dem Einsetzen der Blutung auftreten und dauern oft zwei bis drei Tage. Es gibt aber auch Frauen, bei denen die Schmerzen nur einige Stunden anhalten, und andere, bei denen sie während der ganzen Periode nicht nachlassen.

Neben den Bauchkrämpfen können aber auch noch andere Beschwerden auftreten. Manche Frauen und Mädchen leiden dann unter Übelkeit, Erbrechen, Verstopfung oder Durchfall, andere fühlen sich an diesen Tagen besonders müde und/oder haben Kopfschmerzen, und manchen wird schwindelig, oder sie werden sogar ohnmächtig.

Was verursacht die Krämpfe?

Warum es zu diesen Bauchkrämpfen kommt, ist noch nicht genau erforscht, aber man weiß inzwischen, dass beim Abbau der Gebärmutterschleimhaut eine Substanz im Körper freigesetzt wird – das Prostaglandin –, die bewirkt, dass sich die Muskeln der Gebärmutter zusammenziehen, um die Schleimhaut abzustoßen. Bei manchen Frauen, deren Körper sehr viel Prostaglandin produziert, zieht sich die Gebärmutter so stark zusammen, dass es zu Bauchkrämpfen kommt.

Was hilft gegen Bauchkrämpfe?

Manchmal genügen schon ganz einfache Maßnahmen und alte Hausmittel, um die Bauchkrämpfe zu beseitigen oder zumindest zu lindern. Wenn alles nichts hilft, gibt es noch leichte krampflösende Medikamente aus der Apotheke. In diesem Fall solltest du aber nicht einfach irgendein Mittel nehmen, sondern vorher zu deiner Frauenärztin oder deinem Frauenarzt gehen, damit er dich berät und dir gegebenenfalls das geeignete Medikament verschreibt. Wenn du das nicht möchtest, gibt es auch alternative Behandlungsformen wie Akupunktur oder chinesische Kräuter, die ebenfalls gegen Bauchkrämpfe helfen.

Hausmittel gegen Periodenschmerzen

Eines der besten Hausmittel gegen Bauchkrämpfe während der Periode ist Wärme, denn sie fördert die Durchblutung und entspannt die Gebärmuttermuskeln. Wenn du an Bauchkrämpfen leidest, versuch es deshalb ruhig mal mit einer Wärmflasche, einem Heizkissen, einem warmen Bad und einer heißen Tasse Kräuter- oder Früchtetee. Bei Rücken- und Kopfschmerzen kann außerdem eine sanfte Massage an den betreffenden Stellen helfen, denn sie durchblutet das Gewebe und löst die Muskelverspannungen.

Auch ein gesunder Lebensstil kann zur Besserung von Menstruationsschmerzen beitragen. Studien haben gezeigt, dass die Beschwerden bei Frauen und Mädchen, die nicht rauchen, keinen Alkohol trinken und regelmäßig Sport treiben, meist weniger stark sind als bei anderen. Besonders geeignet sind solche Sportarten, bei denen das Gewebe mit viel Sauerstoff versorgt wird, denn dadurch wird die Wirkung der krampfauslösenden Prostaglandine geschwächt. Dazu gehören Joggen, schnelles Gehen, Schwimmen, Seilspringen oder andere Sportarten, bei denen du außer Atem gerätst (aber nicht übertreiben!).

Wichtig ist, dass du regelmäßig aktiv bist. Wenn du dich während der Periode dafür zu schwach fühlst, versuch etwas weniger Anstrengendes wie Gehen oder auch Yoga, das sehr gut bei Bauchschmerzen hilft. Hier sind ein paar gute Yoga-Übungen gegen Krämpfe:

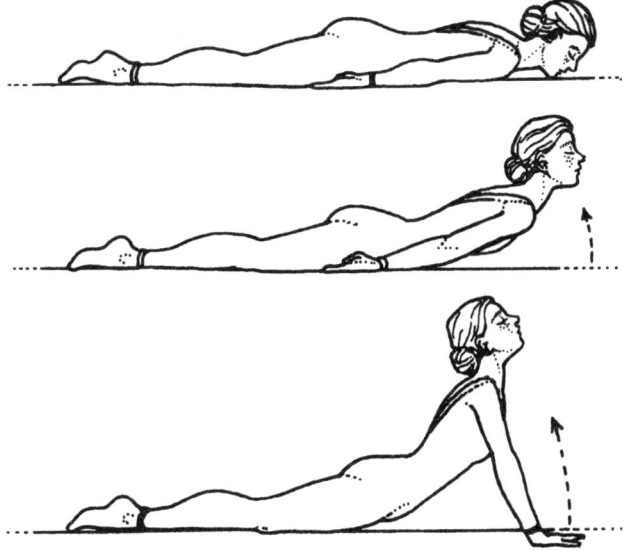

Abb. 42: Yoga gegen Bauchkrämpfe
Übung 1: Leg dich auf den Bauch, und heb langsam Kopf und Oberkörper hoch, ohne dabei die Arme zu benutzen, bis der Oberkörper nicht mehr auf dem Boden aufliegt. Heb den Oberkörper dann mit Hilfe der Arme noch weiter hoch, bis der Rücken leicht gekrümmt ist, und leg dich langsam wieder hin. Wiederhole die Übung einige Male.

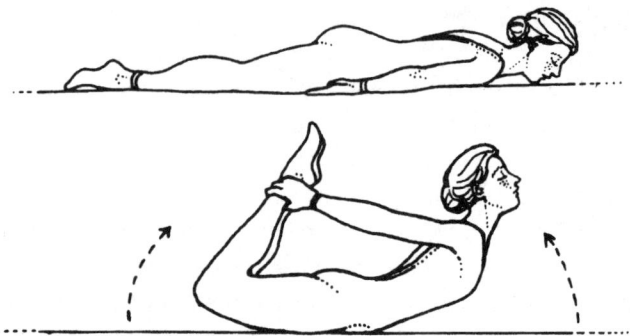

Übung 2: Leg dich auf den Bauch, winkle die Knie an und umgreif die Knöchel mit beiden Händen. Zieh sie in Richtung des Hinterkopfs und schaukle langsam vor und zurück. Wiederhole die Übung ebenfalls mehrere Male.

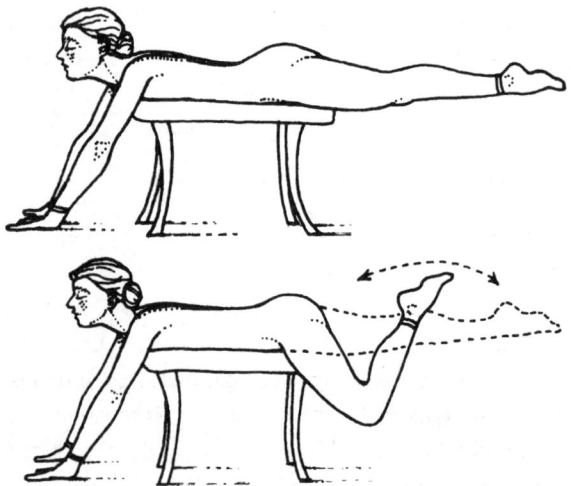

Übung 3: Leg dich bäuchlings auf einen niedrigen Couchtisch, die Hände vor dich auf den Boden, und streck die Beine waagrecht aus. Beuge nacheinander das Knie, und heb den Fuß hoch in Richtung Gesäß, dann streck das Bein wieder waagrecht aus. Wiederhole die Übung, bis du sie etwa sechs Minuten lang machen kannst.

Kapitel 8
Jungen und Pubertät

Spätestens in der Pubertät wissen die meisten Mädchen zwar ziemlich genau, was sich in dieser Zeit bei ihnen abspielt, aber mit den Veränderungen beim »anderen Geschlecht« kennen sie sich oft nicht ganz so gut aus. Deshalb werden wir uns in diesem Kapitel mit den körperlichen Veränderungen bei Jungen in der Pubertät befassen (und wie die meisten Mädchen bist du wahrscheinlich ziemlich neugierig, was da genau passiert).

Wie du in Abbildung 43 sehen kannst, verändern sich auch die Jungen in der Pubertät ziemlich stark und in vielem verläuft ihre Pubertät ähnlich wie bei Mädchen: Sie erfahren einen Wachstumsschub und bekommen nach und nach immer erwachsenere Körperformen, die Schamhaare beginnen zu wachsen, die Schweißdrüsen werden aktiviert und die ersten Pickel sprießen. Trotzdem gibt es einige wichtige Unterschiede zwischen Jungen und Mädchen:

Im Durchschnitt beginnt die Pubertät bei den Jungs später als bei den Mädchen, die meist schon einen Busen und Schamhaare haben, wenn bei den Jungs noch gar nichts zu sehen ist. Aber wie wir wissen, entspricht nicht jeder dem Durchschnitt, und bei einigen Jungen beginnt die Pubertät auch früher, sodass frühreife Jungs eher in der Pubertät sein können als gleichaltrige Mädchen.

Bei den meisten Jungen ist das erste sichtbare Pubertätsmerkmal die Veränderung der Hoden und des Hodensacks. Bei manchen kann das schon im Alter von neun Jahren geschehen,

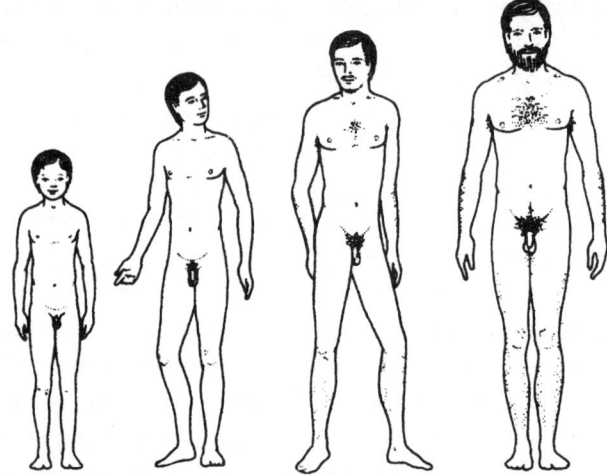

***Abb. 43:* Die Pubertät bei Jungen.** Auch Jungs erleben in der Pubertät einen Wachstumsschub – ihre Schultern werden breiter, der Körper wird muskulöser, und die Geschlechtsorgane entwickeln sich. Danach wachsen die Schamhaare und Haare unter den Achseln, im Gesicht und auf Brust, Armen und Beinen.

bei anderen erst mit vierzehn oder sogar noch später, aber bei den meisten findet diese Veränderung im Alter zwischen zehn und zwölf Jahren statt.

Penis und Hodensack

Im Verlauf der Pubertät werden Penis und Hodensack allmählich größer, und die Schamhaare im Genitalbereich beginnen zu wachsen. Der Penis besteht aus weichem Gewebe, in dessen Inneren die Harnröhre verläuft, wie du auf Abbildung 2 (Seite 39) sehen kannst. Beim Urinieren läuft der Harn von der Blase durch diese Röhre und tritt durch die Öffnung an der Spitze der Eichel aus.

Hinter dem Penis befindet sich der Hodensack mit den beiden Hoden, die besonders empfindlich sind, sodass ein Schlag oder Stoß sehr schmerzhaft sein kann. In der Kindheit ist der Hodensack noch sehr fest, und die Hoden liegen relativ eng am Körper an, doch in der Pubertät wird der Hodensack lockerer, und die Hoden hängen dann meist herunter. Nur bei Kälte und bei starker emotionaler oder sexueller Erregung zieht sich der Hodensack meist kurzzeitig zusammen.

Warum gibt es die Beschneidung?

Auf Abbildung 44 links siehst du einen beschnittenen Penis, bei dem die Vorhaut entfernt wurde und die Spitze des Penis, die Eichel, freiliegt. Der rechte Penis ist dagegen nicht beschnitten, sodass die Eichel von der Vorhaut bedeckt wird. Bei manchen Männern ist die Vorhaut noch länger als auf der Zeichnung und reicht über die Eichel hinaus, bei anderen ist sie kürzer, sodass die Eichel noch hervorschaut. Die Vorhaut kann bei männlichen Erwachsenen bis zum Penisschaft zurückgezogen werden und besteht eigentlich aus zwei Schichten, die übereinander liegen

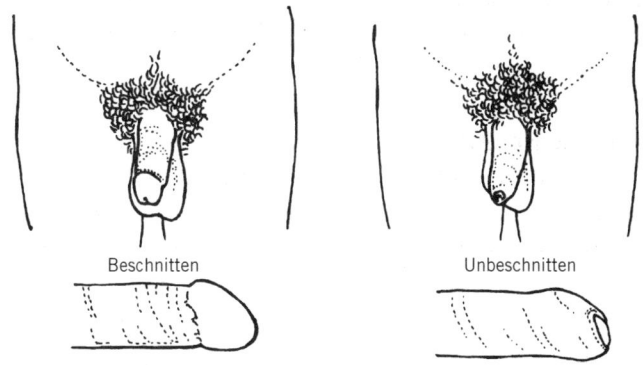

Beschnitten   Unbeschnitten

Abb. 44: **Beschnittener und unbeschnittener Penis**

und durch Vor- und Zurückgleiten das Zurückziehen der Vorhaut ermöglichen.

Viele jüdische und moslemische Eltern lassen ihre Babys aus religiösen Gründen beschneiden, andere Eltern entschieden sich früher meist aus hygienischen oder medizinischen Gründen dafür, denn man glaubte lange, dass unbeschnittene Männer eher Penisinfektionen oder -krebs bekommen. Aber Peniskrebs ist sehr selten, und es gibt auch keine Beweise, dass unbeschnittene Männer leichter Infektionen bekommen.

Die fünf Phasen der Pubertät

Wie bei Mädchen wird auch bei den Jungs die Pubertät in fünf Phasen unterteilt (siehe Abbildung 45), die sich am besten an der Entwicklung der Geschlechtsorgane zeigen lässt:

- *Phase 1:* Sie ist die Zeit der Kindheit, in der sich Penis, Hodensack und Hoden kaum verändern und erst sehr langsam und allmählich größer werden.
- *Phase 2:* Jetzt beginnen die Hoden zu wachsen und etwas herunterzuhängen (ein Hoden hängt meist tiefer als der andere). Die Haut des Hodensacks wird dunkler und rauer, und viele Jungen bekommen in dieser Zeit ihre ersten Schamhaare.
- *Phase 3:* Jetzt wird der Penis länger und dicker. Auch die Hoden und der Hodensack wachsen weiter, und die Haut von Penis und Hodensack kann in dieser Zeit noch etwas dunkler werden. Waren bisher noch keine Schamhaare vorhanden, beginnen sie meist jetzt zu wachsen.
- *Phase 4:* Jetzt wird der Penis erheblich länger und dicker, und auch die Eichel nimmt an Umfang zu. Die Hoden und der Hodensack wachsen weiter, und die Haut von Penis und Hodensack wird eventuell noch etwas dunkler. Bei einigen Jungen setzt erst in dieser Phase das Wachstum der Schamhaare ein.

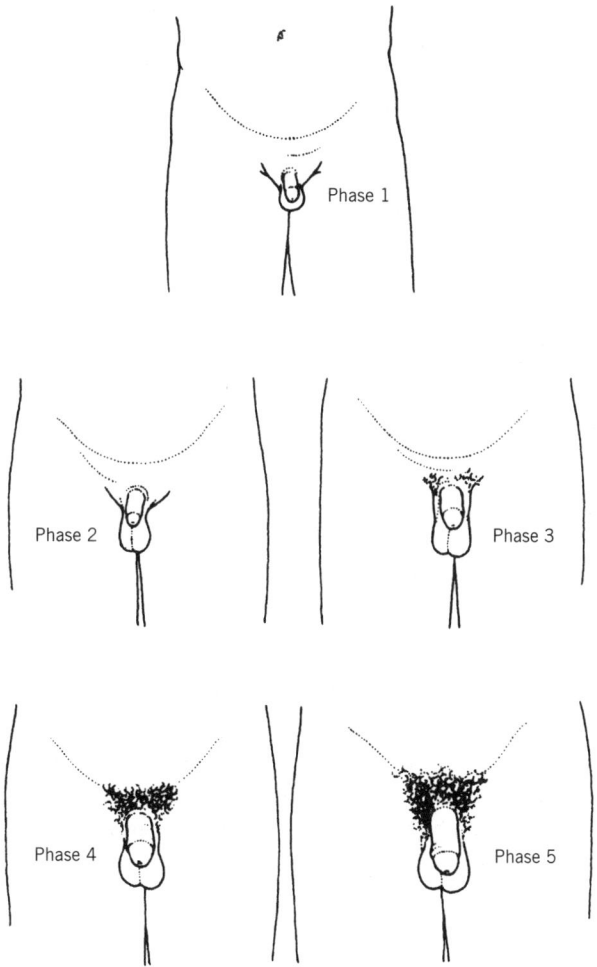

Abb. 45: Die fünf Entwicklungsphasen

- *Phase 5:* Jetzt hat der Penis seinen vollen Umfang bzw. seine endgültige Länge erreicht, und auch Hoden und Hodensack sind voll entwickelt. Der Junge hat viele krause Schamhaare, die sich um den After herum und bis auf den Unterbauch in Richtung Bauchnabel und Oberschenkel erstrecken können.

Wie bei Mädchen hat auch bei Jungen das Alter, in dem die Pubertät beginnt, nichts damit zu tun, wie schnell oder langsam die einzelnen Phasen verlaufen. Und ein früher Pubertätsbeginn hat auch nichts mit der endgültigen Penisgröße zu tun.

Einige Jungen, die früh in die Pubertät kommen, entwickeln sich innerhalb von zwei Jahren oder noch schneller, bei anderen dauert es dagegen fünf oder mehr Jahre, aber bei den meisten liegen zwischen Phase 2 und Phase 5 drei bis vier Jahre (das Gleiche gilt natürlich auch für die »Spätzünder« oder für Jungen, deren Entwicklung im Durchschnittsalter beginnt).

Der Wachstumsschub

Wie Mädchen durchleben auch Jungen in der Pubertät einen Wachstumsschub, in dessen Verlauf sie rasch größer, schwerer und kräftiger werden. Bei Mädchen erfolgt der Wachstumsschub meist zu Beginn der Pubertät, bei den Jungs dagegen oft erst dann, wenn auch der Penis zu wachsen beginnt, sodass sie im Alter von zehn oder elf Jahren meist kleiner sind als gleichaltrige Mädchen. Allerdings holen sie die Mädchen dann mit Beginn des Wachstumsschubs schnell wieder ein und werden dann auch meist größer als sie.

Körperbehaarung und erster Bartwuchs

Während Mädchen in der Pubertät eher rundliche Körperformen bekommen, werden Jungen in dieser Zeit muskulöser, bekommen breitere Schultern, kräftige Arme und Beine und das Gesicht wirkt langsam immer erwachsener. Außerdem werden die Haare auf den Armen und Beinen dunkler und dicker – bei einigen wachsen jetzt auch Haare auf der Brust, manchmal sogar auf dem Rücken –, und in den Achselhöhlen sprießen die ersten Haare.

Während der Pubertät beginnt sich auch der erste Bartflaum zu entwickeln – oft zuerst nur in der Nähe der Mundwinkel auf der Oberlippe und auf der unteren Wangenpartie, später auch im oberen Wangenbereich und knapp unterhalb der Mitte der Unterlippe, und schließlich auch auf dem Kinn (oft in Phase 5 der Genitalentwicklung, siehe Seite 200). Bei den meisten Jungs beginnt der erste Bartwuchs im Alter zwischen 14 und 18 Jahren, er kann aber auch früher oder später einsetzen.

Veränderung der Brust

Auch bei Jungen wird der Warzenhof während der Pubertät größer, und die Brüste schwellen in dieser Zeit meist etwas an und sind empfindlicher als sonst. Diese Schwellung, die bei beiden Brüsten auftreten kann oder auch nur an einer, beginnt meist in der zweiten oder dritten Entwicklungsphase (siehe Seite 198) und kann einige Monate oder ein Jahr dauern, manchmal aber auch zwei Jahre und länger, bis sie dann langsam von selbst wieder abklingt.

Veränderung der Haut

In der Pubertät werden noch stärker als bei den Mädchen die Schweiß- und Talgdrüsen aktiviert – im Genitalbereich, unter den Achseln, im Gesicht, auf dem Hals, den Schultern und auf dem Rücken. Dadurch verändert sich auch der Körpergeruch und es entstehen die ersten Pickel, sodass die meisten Jungen in dieser Zeit noch mehr unter Akne leiden als Mädchen.

Der Stimmbruch

Zu den auffälligsten Veränderungen während der Pubertät gehört die Stimme, die jetzt langsam immer dunkler und tiefer wird. Dabei kommt es häufig zum Stimmbruch, das heißt, die Stimme wechselt plötzlich von einer tiefen zu einer hohen, piepsigen Tonlage, was vielen Jungs dann schrecklich peinlich ist. Der Stimmbruch kann einige Monate dauern, sich aber auch über ein bis zwei Jahre hinziehen.

Was ist eine Erektion?

In Kapitel 1 auf Seite 44 haben wir schon über die Erektion gesprochen, bei der die zusätzliche Blutzufuhr das weiche, schwammartige Gewebe im Penis anschwellen lässt, sodass es auf die Blutgefäße im Penis drückt. Dadurch verlangsamt sich der Blutfluss der Venen, die aus dem Penis führen, und das Gewebe schwillt noch weiter an, sodass der Penis steif, länger und dicker – mitunter auch dunkler – wird und waagrecht vom Körper absteht (siehe Abbildung 46).

Erektionen, die häufig schon im Babyalter auftreten und bis ins hohe Alter möglich sind, werden durch Streicheln und Be-

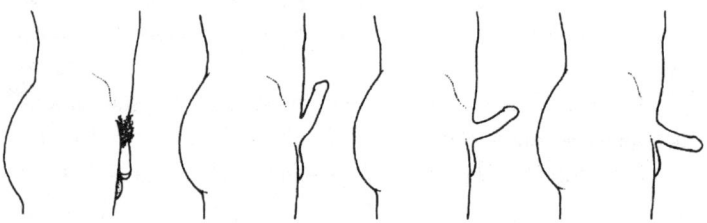

Schlaffer Penis   Erigierter Penis

***Abb. 46:* Schlaffer und erigierter Penis.** Bei einer Erektion füllt sich das weiche, schwammartige Gewebe des Penis mit Blut. Dadurch wird er steif und hart und steht vom Körper ab.

rühren des Penis oder auch durch sexuelle Fantasien ausgelöst, häufig kommt es aber auch morgens beim Aufstehen oder vor dem Harnlassen zu einer Erektion.

In der Pubertät haben die meisten Jungen mehr Erektionen als früher. Oft sind es spontane Erektionen, die ohne sexuelle Erregung oder Fantasien jederzeit und überall auftreten können – in der Schule, zu Hause oder auf der Straße –, was manchen Jungs sehr peinlich ist.

Zu groß – zu klein?

So wie manche Mädchen glauben, dass ihr Busen zu klein (oder zu groß) ist, machen sich viele Jungs Sorgen, dass ihr Penis zu klein sein könnte, aber diese Angst ist in der Regel völlig unbegründet. Es gibt zwar viele verschiedene Größen, solange der Penis schlaff ist, doch bei einer Erektion verschwinden diese Größenunterschiede meist. Außerdem vergessen manche Jungs, dass ihr Penis erst in der letzten Pubertätsphase seine endgültige Größe erreicht. Bei den meisten erwachsenen Männern ist der Penis im erigierten Zustand zwischen 13 und 17 Zentimeter lang, das heißt, die Durchschnittslänge beträgt ziemlich genau 15 Zentimeter.

Über die Penisgröße gibt es viele Märchen – etwa dass Männer mit einem großen Penis männlicher oder bessere Liebhaber sein sollen als Männer mit kleinem Penis. Aber das stimmt einfach nicht, denn die Penisgröße hat sehr wenig damit zu tun, ob eine Frau den Geschlechtsverkehr genießt.

Spermien und Samenerguss

Wenn ein Mann eine Erektion hat, gibt es zwei Möglichkeiten: Entweder sie verschwindet ganz von selbst wieder oder der Mann hat einen Samenerguss (siehe Seite 46). In beiden Fällen wird der Penis anschließend wieder klein und weich, weil dann wieder mehr Blut durch die Venen fließt.

In der Pubertät bilden sich in den winzigen Kanälen, die zusammengerollt im Hoden liegen, die ersten Spermien (siehe Abbildung 47). Sie sehen aus wie Kaulquappen, sind aber so klein, dass man sie mit bloßem Auge nicht sehen kann. Sobald die Spermienproduktion eingesetzt hat, werden in der Regel lebenslang täglich Millionen Spermien erzeugt. In den Hoden wird auch das männliche Hormon Testosteron gebildet. Es bewirkt die Spermienbildung und verursacht die vielen Veränderungen während der Pubertät wie Bartwuchs, Muskelzunahme und Stimmbruch.

Nachdem sich also die Spermien in den Hoden entwickelt haben, wandern sie von dort in die Nebenhoden, eine Art Behälter nahe den Hoden. Dort reifen die Spermien noch weitere zwei bis sechs Wochen und wandern dann in einen der beiden Samenleiter, wo sie gespeichert werden.

Zu Beginn eines Samenergusses werden die Spermien durch rhythmisches Zusammenziehen der Muskeln ans obere Ende der Samenleiter gepumpt, wo sie sich mit anderen Körperflüssigkei-

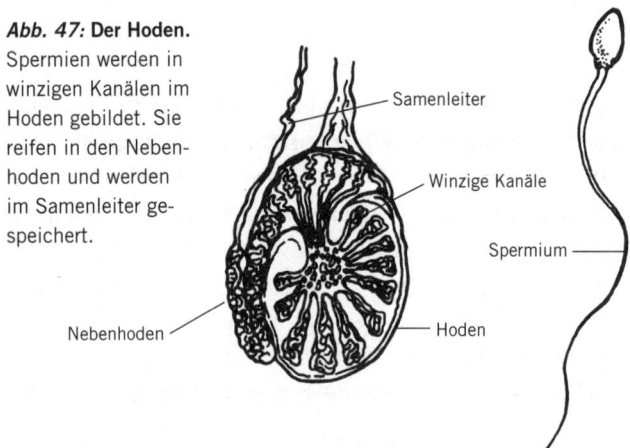

Abb. 47: Der Hoden.
Spermien werden in winzigen Kanälen im Hoden gebildet. Sie reifen in den Nebenhoden und werden im Samenleiter gespeichert.

Samenleiter

Winzige Kanäle

Spermium

Nebenhoden

Hoden

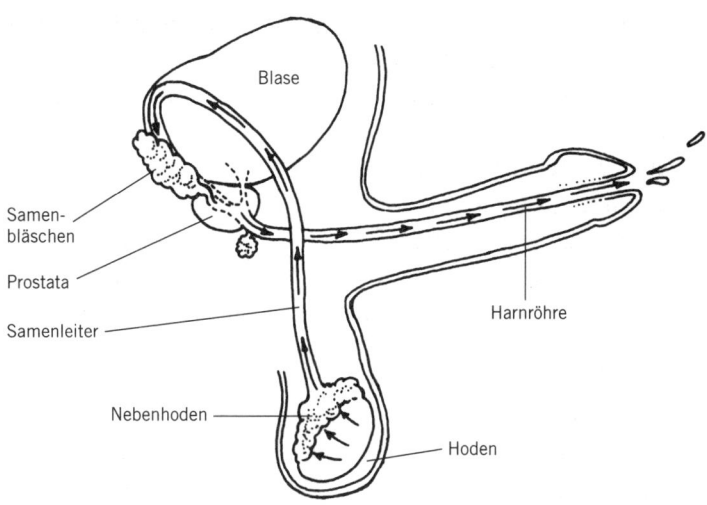

Abb. 48: **Spermien und Samenerguss.** Kurz vor einem Samenerguss ziehen sich die Muskeln im Bereich der Hoden und Samenleiter rhythmisch zusammen. Dadurch werden die Spermien durch die Samenleiter gepumpt. Hier vermischen sie sich mit Flüssigkeit aus den Samenbläschen und der Prostata, und diese Mischung wird Sperma genannt. Beim Samenerguss wird das Sperma durch weiteres Zusammenziehen der Muskeln durch die Harnröhre gepumpt, bis es sich schließlich aus der Harnröhrenöffnung an der Penisspitze ergießt.

ten aus den Samenbläschen und der Vorsteherdrüse (Prostata) vermischen, die ihnen die nötige Energie für ihre lange Reise zur Befruchtung einer Eizelle liefern. Diese Mischung nennt man Sperma. Das Sperma wird nun weiter in den Harnleiter und durch die Harnröhre im Penis gepumpt, bis es sich schließlich in Schüben aus der Öffnung an der Eichelspitze ergießt (siehe Abbildung 48).

Einige Mädchen finden es abstoßend, dass Sperma und Urin den gleichen Weg durch Harnleiter und -röhre nehmen. Aber Urin und Sperma gelangen nie gleichzeitig hindurch, denn vor einem Samenerguss wird die Blase, aus dem der Urin kommt, durch ein kleines Ventil geschlossen.

Erster Samenerguss und Masturbation

Viele Jungs haben den ersten Samenerguss lange vor ihrem ersten Geschlechtsverkehr – meist im Alter zwischen elf und 15 Jahren –, und für sie ist das ein genauso wichtiger Meilenstein auf ihrem Weg durch die Pubertät wie die erste Periode für die Mädchen. Die meisten Jungs bekommen den ersten Samenerguss durch Masturbieren, indem sie ihren Penis reiben und streicheln, andere haben ihn im Schlaf, das heißt, sie finden nach dem Aufwachen Sperma auf dem Bauch oder der Bettwäsche.

Kapitel 9
Sexualität und Gefühle

»Ist das normal, wenn man mit 13 Jahren nur noch an Jungs und Sex denken kann?« *Melanie, 13 Jahre alt*

Diese und ähnliche Fragen werden häufig gestellt, denn viele Mädchen erleben in der Pubertät zum ersten Mal starke sexuelle Gefühle, indem sie sich eine leidenschaftliche Affäre mit jemandem wünschen, sexuelle Fantasien haben, öfter masturbieren und/oder sich zum ersten Mal verlieben. Diese Gefühle können sehr stark sein, und manchen Jugendlichen kommt es dann so vor, als ob sie nur noch an Liebe und Sex denken können. Aber solche Gefühle sind völlig normal, und viele junge Menschen in diesem Alter erleben genau das Gleiche.

Umgekehrt gibt es aber auch Mädchen, die sich mehr aus Sport, Schule, Musik oder anderen Themen machen und dann irritiert sind, dass sie sich weder für Jungen noch für Sex interessieren, so wie dieses Mädchen:

»Wieso sind alle anderen dauernd verliebt und ich nie?« *Gila, 14 Jahre*

Aber auch darum braucht man sich keine Gedanken zu machen, denn ebenso, wie es für jeden in der Pubertät den eigenen Zeitplan für die körperlichen Veränderungen gibt, hat auch jeder seinen eigenen Zeitplan für das Verliebtsein und sexuelles Interesse. Du musst dir also keine Sorgen machen, wenn alle andern in deinem Alter ständig verliebt sind, du aber nicht, denn du hast noch so viel Zeit vor dir.

Doch weil sich so viele Teenager auf die eine oder andere Weise mit diesem Thema befassen, wollen wir in diesem Kapitel über Verliebtsein und andere Gefühle sprechen, aber zunächst noch ein paar Worte über Freundschaft zwischen Mädchen und Jungen sagen.

Freundschaft mit Jungs – geht das?

Niemand findet etwas daran, wenn kleine Jungen und Mädchen zusammen spielen, die beste Freunde sind und beim anderen übernachten. Aber das ändert sich, wenn man in die Pubertät kommt, denn dann ist es auf einmal überhaupt nicht mehr in Ordnung, wenn man als Mädchen bei seinem besten Freund übernachtet oder umgekehrt. Und das wird meist damit begründet, dass man jetzt mehr als »nur Freunde« sein könnte, so wie es auch diese Mädchen erzählt haben:

»Ich wollte letzten Samstag zu Pauls Fete gehen, aber mein Bruder hat mich dauernd aufgezogen: ›Du bist ja in Paul verliebt, du bist ja in Paul verliebt.‹ Es stimmt zwar, dass ich Paul mag, aber doch nicht so, und ich find es bescheuert, dass man auf einmal mit einem Jungen nicht mehr einfach nur befreundet sein kann. Als ob man immer gleich verliebt sein müsste!«

Anne, 13 Jahre alt

»Neulich war ich wieder mal bei Felix und wollte eigentlich wie früher bei ihm übernachten. Aber da haben zwei Mädchen aus meiner Klasse, die gleich nebenan wohnen und das mitgekriegt haben, ganz blöd reagiert:

›Ach, du spielst noch mit Jungs? Das ist ja vielleicht komisch.‹ Da war ich ganz unsicher, was ich jetzt machen soll.«   *Daniela, 12 Jahre alt*

Viele Teenager beklagen sich über diese Art von Kommentaren oder darüber, dass andere annehmen, ein Freund oder eine Freundin sei mehr als nur das. Deshalb hier ein paar Tipps:

- Ignorier das Aufziehen und die Gerüchte. Wen interessiert es eigentlich, ob andere denken, dass du in deinen Freund verliebt bist?
- Erklär den Leuten, dass ihr nur befreundet seid und warum du es gut findest.
- Sprich mit deinem Freund darüber, damit das Aufziehen und die Gerüchte keinen Keil zwischen euch treiben können.

Kurz gesagt: Lass dir durch das Gerede über eine »Liebesbeziehung« nicht deine Freundschaft mit einem Jungen verderben.

Erste Liebe

Natürlich gibt es in der Pubertät aber auch noch ein ganz anderes Interesse an Jungs. Viele Mädchen verlieben sich jetzt zum ersten Mal richtig und das ist sehr aufregend und schön. Manchmal kann dann schon das Denken an den anderen die Stimmung enorm heben, oder man träumt, wie aus der Verliebtheit eine richtige Liebesbeziehung werden könnte.

Manchmal verlieben sich Mädchen auch in jemanden, der ihre Zuneigung wahrscheinlich nicht erwidern wird, etwa in einen Pop-Star, einen Lehrer oder in einen anderen Erwachsenen. Auch das kann eine gute Möglichkeit sein, die eigenen Gefühle besser kennen zu lernen, denn auch wenn man es vielleicht nicht wahrhaben will, weiß man ja eigentlich schon, dass dieser Mensch unerreichbar ist, und man kann träumen, wie und was man will. Sich in jemand Unerreichbaren zu verlieben ist also ein guter »Test« für später, kann mitunter aber auch zu einer schmerzlichen Erfahrung werden. Ich erinnere mich noch, als einmal alle Mädchen in meiner Klasse für einen bestimmten Rockstar schwärmten. Sie beklebten die Wände ihrer Zimmer mit Postern, hörten ständig seine Musik und unterhielten sich stundenlang über ihn. Als dieser Star dann heiratete, waren natürlich alle enttäuscht, aber für ein Mädchen brach damals buchstäblich die Welt zusammen.

Doch solche Fälle sind relativ selten. Meist verlieben sich Mädchen in Jungen, die vom Alter her ähnlich sind, und wenn das Interesse gegenseitig ist, umso besser. Aber was tun, wenn man sich für jemanden interessiert, ohne zu wissen, was der Junge über einen denkt?

In diesem Fall gibt es grundsätzlich zwei Möglichkeiten: Du kannst es selbst herausfinden oder eine Freundin oder einen Freund bitten, es für dich zu tun. Wenn du dich für Letzteres entscheidest, solltest du dir allerdings jemanden suchen, dem du wirklich vertrauen kannst, denn schließlich willst du ja nicht, dass gleich jeder davon erfährt. Außerdem weißt du dann nicht, was wirklich geredet wird. Nehmen wir an, du möchtest, dass deine Freundin dem Jungen gegenüber nur beiläufig deinen Namen erwähnt, um zu sehen, wie er darauf reagiert. Aber wenn sie es falsch anfängt, könnte sich das, was sie sagt, so anhören, als wärst du schrecklich in ihn verliebt. Und selbst wenn sie es richtig macht, könnte es dem Jungen peinlich sein, mit jemand anders über seine Gefühle für dich zu sprechen, obwohl er ja eigentlich auf dich steht, und du erfährst gar nichts.

Was ist Homosexualität?

Manchmal verlieben sich Menschen auch in Personen des eigenen Geschlechts, was man als homosexuell bezeichnet (»Homo« heißt auf griechisch »gleich«). Viele Jungen und Mädchen erleben im Verlauf der Pubertät homosexuelle Gefühle oder machen sogar homosexuelle Erfahrungen. Wenn du das von dir selbst kennst, ist das vielleicht verwirrend für dich oder du hast Angst, dass Homosexualität falsch oder anormal sein könnte. Dann ist es vielleicht hilfreich, wenn du einige grundsätzliche Dinge über Homosexualität weißt.

Fast jeder hat irgendwann einmal homosexuelle Wünsche und Fantasien oder macht homosexuelle Erfahrungen, ohne dass er wirklich homosexuell ist, denn die meisten haben dann doch irgendwann Partner des anderen Geschlechts, sind also heterosexuell (»hetero« heißt »anders beschaffen, ungleich«). Als echte Homosexuelle bezeichnet man deshalb nur die Menschen, die auch später ausschließlich gleichgeschlechtliche Beziehungen haben, das sind etwa zehn Prozent aller Erwachsenen.

Homosexualität betrifft Männer wie Frauen, wobei weibliche Homosexuelle als Lesben bezeichnet werden. In der Geschichte hat es schon immer Homosexuelle gegeben, darunter auch viele berühmte Menschen, und das in allen Gesellschaftsschichten, Nationen und Religionen.

Was ist bisexuell?

Bisexuell sind Menschen, die sich gleich stark zu beiden Geschlechtern hingezogen fühlen und deren sexuelle Aktivitäten sowohl Partner des anderen als auch des gleichen Geschlechts einschließen.

Früher glaubte man, dass Homosexualität moralisch verwerflich oder anormal sei, und auch heute noch gibt es Menschen, die Homosexualität ablehnen, aber sie werden glücklicherweise immer weniger. Wir sind der Meinung, dass Homosexualität die persönliche Angelegenheit jedes Einzelnen und völlig normal und in Ordnung ist.

Bin ich homosexuell?

Diese Frage bewegt mehr Jugendliche, als man vielleicht denkt, und viele wissen dann nicht, an wen sie sich wenden können. Deshalb wollen wir hier auf zwei häufige Fragen eingehen, die uns in Leserbriefen gestellt werden:

»Wenn man in der Pubertät homosexuelle Träume und Wünsche hat oder wenn man homosexuelle Erfahrungen gemacht hat, ist man dann auch als Erwachsener automatisch schwul?« *Dani, 14 Jahre alt*

»Kann man schon in der Pubertät sicher wissen, ob man auch später lesbisch sein wird?« *Mareike, 15 Jahre alt*

Wenn du als Teenager homosexuelle bzw. lesbische Neigungen hast, bedeutet das nicht, dass du auch als Erwachsener automatisch homosexuell bzw. lesbisch sein wirst.

Wir haben mit zahlreichen homosexuellen Erwachsenen über ihre Neigungen während der Pubertät gesprochen und viele verschiedene Antworten bekommen. Einige fühlten sich von Anfang an zu gleichgeschlechtlichen Partnern hingezogen, andere waren in dieser Zeit heterosexuell, und wieder andere hatten als Teenager überhaupt kein großes sexuelles Interesse – weder in der einen noch in der anderen Richtung. Bei unserer Umfrage gab es aber auch eine Reihe homosexueller Erwachsener, die schon als Teenager wussten, dass sie homosexuell waren. Einige sagten sogar, dass sie es schon als kleine Kinder gewusst hätten.

Wenn du noch Fragen dazu hast oder mehr Informationen über Homosexualität haben möchtest, findest du im Anhang auf den Seiten 241 und 243 einige Bücher zu diesem Thema oder Adressen, an die du dich wenden kannst.

Der erste Freund

Die meisten Mädchen in der Pubertät verlieben sich irgendwann und schweben »auf Wolke Sieben«, wenn der Junge signalisiert, dass er auch in sie verliebt ist. Was aber, wenn er das nicht tut – kann man dann als Mädchen die Initiative ergreifen?

Wir finden es völlig in Ordnung, wenn ein Mädchen den ersten Schritt macht, und fast jeder Junge, den wir gefragt haben, würde sich wünschen, dass mehr Mädchen das tun.

Aber es gibt auch Mädchen, die sich nicht trauen, den Jungen anzusprechen, weil sie Angst haben, er könnte Nein sagen. Doch letztendlich ist eine Ablehnung das Schlimmste, was passieren kann, und das wäre auch nicht das Ende der Welt, oder? Ein Mädchen sagte uns:

»Mein Freund ist sehr schüchtern, und wir wären wahrscheinlich nie zusammengekommen, wenn ich nicht die Initiative ergriffen hätte. Jetzt bin ich froh, dass ich es getan habe.«   *Katrin, 16 Jahre alt*

Aber selbst wenn alles klappt und du glücklich verliebt bist, kann es immer noch Probleme geben, nämlich dann, wenn du mit deinem Freund alleine weggehen willst, aber deine Eltern dagegen sind. Dann gibt es drei Möglichkeiten:

1. Du gehst trotzdem heimlich mit ihm weg.
2. Du hältst dich an das Verbot.
3. Du versuchst, die Meinung deiner Eltern zu ändern.

Das Hintergehen der Eltern ist wahrscheinlich die schlechteste Lösung, denn wenn's herauskommt, kann es ziemlichen Ärger geben, und deine Eltern werden dir danach vermutlich weniger vertrauen. Doch selbst wenn du nicht erwischt wirst, fühlst du dich wegen der Lüge wahrscheinlich ziemlich unwohl, und Schuldgefühle sind nicht besonders lustig. Man sollte sich deshalb immer fragen, ob das heimliche Weggehen wirklich den Preis wert ist, den man eventuell dafür zahlen muss.

Auf der anderen Seite kann es ganz schön schwer sein, das Verbot einfach zu akzeptieren und zu warten, bis die Eltern es endlich erlauben – vor allem, wenn du schon einen Freund hast. Aber wie die meisten Eltern wollen sie ja vermutlich nicht einfach nur gemein sein, sondern dich vor etwas bewahren, das nach ihrer Meinung eine Nummer zu groß für dich sein könnte, vor allem, wenn du noch sehr jung bist. Vielleicht haben sie Recht, vielleicht liegen sie aber auch falsch.

Wenn deine Eltern dagegen sind, dann schau doch mal, ob die meisten Jungen und Mädchen in deinem Alter schon weggehen dürfen. Wenn deine ehrliche Antwort dann »nein« ist, könnte Warten vielleicht doch die beste Lösung sein. Aber wenn du das Gefühl hast, deine Eltern sind zu streng oder zu altmodisch, könntest du auch die dritte Möglichkeit überlegen, nämlich die Meinung deiner Eltern zu ändern. Das kann zwar mitunter ziemlich schwierig sein, aber es ist zumindest einen Versuch wert.

Frag sie am besten ganz direkt, warum sie sich Sorgen machen, und vielleicht könnt ihr dann einen Kompromiss finden. Wenn deine Eltern zum Beispiel meinen, dass du noch zu jung bist, um allein mit einem Jungen wegzugehen, könntet ihr euch darauf einigen, dass ihr – dein Freund und du – gemeinsam mit anderen Paaren weggeht.

Verliebtsein und Liebe

»Viele in meiner Klasse sind dauernd verliebt, aber wie weiß man eigentlich, wann es wirklich Liebe ist?«

Melanie, 15 Jahre alt

Auch diese Frage wird uns oft gestellt, aber darauf eine eindeutige Antwort zu geben ist sehr schwer, denn Gefühle kann man nicht wiegen oder messen. Aber wir können uns ein paar Gedanken zu diesem Thema machen.

Wir glauben, dass es wichtig ist, den Unterschied zwischen Verliebtsein und Liebe zu kennen. Verliebtsein ist ein intensives, aufregendes und manchmal auch verwirrendes oder beängstigendes Gefühl, in dem man sich so verlieren kann, dass es schwer ist, überhaupt noch an irgendetwas anderes zu denken. Manchmal verwechseln Menschen dann Verliebtsein mit Liebe, weil die Gefühle anfangs sehr ähnlich sind, aber Verliebtsein dauert meist nicht sehr lange, während echte Liebe dauerhaft ist. Außerdem muss man jemanden, in den man verliebt ist, nicht besonders gut kennen, aber um einen Menschen wirklich zu lieben, muss man ihn mit all seinen guten und schlechten Eigenschaften sehr gut kennen. Das bedeutet, dass Verliebtsein etwas sehr Plötzliches sein kann, während echte Liebe mehr Zeit braucht.

Viele Beziehungen fangen mit Verliebtsein an und manchmal wird Liebe daraus, aber natürlich kann das Verliebtsein sich auch legen, wenn man merkt, dass es doch nicht der oder die Richtige ist. Beziehungen können sich genauso gut auch ganz langsam und allmählich entwickeln, aber egal, ob langsam oder schnell –

in jedem Fall kommt man in jeder Liebesbeziehung früher oder später an einen Punkt, wo man sich fragt, ob die Beziehung wirklich gut ist. Dann kann es geschehen, dass man die Partnerschaft beendet, oder man entscheidet sich für das Zusammenbleiben, und wir sind der Meinung, dass eine Beziehung erst nach dieser Phase des Infragestellens und der Entscheidung, weiter zusammenbleiben zu wollen, wirklich auf dem Weg zu echter Liebe ist.

Liebe und Sex

Wenn zwei Menschen sich gefühlsmäßig zueinander hingezogen fühlen, ist es ganz natürlich, dass sie sich auch körperlich nah sein wollen. Das kann etwas so Einfaches sein wie Händchenhalten oder Küssen, aber auch etwas so Intimes wie Geschlechtsverkehr. Aber wie geht man dann mit seinem Wunsch nach körperlicher Nähe am besten um?

Manche junge Leute lösen diese Frage für sich ganz einfach, indem sie sich nach dem richten, was auch alle andern tun. Doch manche wissen gar nicht so genau, was alle anderen tun. Außerdem bedeutet die Tatsache, dass alle anderen es tun, nicht automatisch, dass es auch für einen selbst richtig ist.

Andere junge Menschen sind dagegen überhaupt nicht sicher, was für sie richtig oder falsch ist, weshalb wir im Unterricht – vor allem in den höheren Klassen – sehr viel Zeit mit diesem Thema verbringen, zu dem natürlich auch Schwangerschaftsverhütung und sexuell übertragbare Krankheiten gehören (siehe Seite 221 und Seite 219).

Das richtige Alter

»Ich würde so gern eine Freundin haben, aber ist man mit elf Jahren schon alt genug für Sex?« *Tim, 11 Jahre alt*

»Ich bin zwölf und hab mich in einen Jungen in meiner Klasse verknallt, der mich auch mag. Ich habe aber Angst, mit ihm ins Bett zu gehen. Was soll ich machen?«

Corinna, 12 Jahre alt

»Ist es in Ordnung, wenn man sich gleich beim ersten Mal küsst?«
Nathalie, 12 Jahre alt

Als mir diese Fragen zum ersten Mal gestellt wurden, war ich etwas geschockt, dass sie von Jungen und Mädchen in so jungem Alter kamen. Aber nachdem ich länger mit ihnen gesprochen hatte, verstand ich, warum. Meist lag es daran, dass sie falsche Vorstellungen von körperlicher Nähe hatten: Einige glaubten, dass Küssen oder andere Formen körperlicher Nähe wie Petting etwas ist, das sofort geschehen muss, wenn man mit jemandem zum ersten Mal weggeht. Andere dachten, dass die Tatsache, einen Freund oder eine Freundin zu haben, automatisch heißt, dass man auch Geschlechtsverkehr hat. Das stimmt natürlich nicht, aber es lässt sich leicht nachvollziehen, woher diese Vorstellungen kommen. In Büchern und Zeitschriften, im Fernsehen und Kino wird oft der Eindruck vermittelt, als ob sich zwei Menschen, die sich gerade eben erst kennen gelernt haben, in der nächsten halben Stunde schon leidenschaftlich küssen und nach einer Stunde bereits im Bett sind.

Wenn es dir ähnlich geht, dann können dir die folgenden Ratschläge vielleicht helfen, deine Gefühle besser zu sortieren und herauszufinden, was du wirklich möchtest:

• Lass dich nicht durch das, was du liest, hörst oder siehst, durcheinander bringen. Wenn du mit einem Jungen zum ersten Mal weggehst, heißt das nicht, dass du gleich mit ihm schlafen oder ihn küssen musst. Weggehen ist schließlich eine Gelegenheit, einen anderen Menschen überhaupt erst mal kennen zu lernen, und vielleicht wollt ihr ja dann auch überhaupt keine körperliche Beziehung, wenn ihr euch besser kennt.

- Vergiss auch nie, dass du selbst über dich bestimmst und du nichts zu tun brauchst, wenn es sich nicht richtig für dich anfühlt.

- Versuche zu unterscheiden, ob du eine bestimmte körperliche Nähe wirklich willst oder ob du damit vielleicht nur beweisen willst, dass du schon erwachsen bist oder dass du dadurch beliebter wirst.

- Dränge auch niemanden, etwas zu tun, was er nicht möchte. Das Drängen geht zwar meist von den Jungs aus, die versuchen, ein Mädchen »rumzukriegen«. Aber auch Mädchen können einem Jungen zu verstehen geben, dass er kein echter Mann ist, wenn er sie nicht gleich beim ersten Mal küsst oder mit ihr schmust.

- Fall auch nicht auf Überredungskünste rein, zum Beispiel: »Wenn du mich magst, dann machst du mit.« Oder »Wenn du nicht willst, dann suche ich mir eben jemand anders.« Oder »Alle anderen tun das doch auch.« Wenn dir jemand so etwas sagt, dann dreh den Spieß einfach um und sag ihm: »Wenn du mich magst, dann setz mich auch nicht unter Druck.« (Und wenn er es doch tut, stellt sich die Frage, ob er es wirklich wert ist.)

Dass es nicht leicht ist zu lernen, mit der eigenen Sexualität umzugehen, ist kein Wunder, denn es gibt so viele Aspekte, die man dabei berücksichtigen muss – emotionale, körperliche und mitunter auch moralische. Deshalb ist es immer besser, sich in Ruhe mit all diesen Dingen zu beschäftigen, anstatt sich selbst unter Druck zu setzen (oder setzen zu lassen).

Sexuell übertragbare Krankheiten und AIDS

Ehe du den ersten Geschlechtsverkehr hast, solltest du auch Bescheid wissen über die sexuell übertragbaren Krankheiten, die auch Geschlechtskrankheiten genannt werden. Dies sind Infektionen, die meist durch sexuelle Kontakte übertragen werden, zu den bekanntesten gehören Gonorrhoe, Syphilis, Chlamydien, Feigwarzen und Herpes genitalis. Gonorrhoe, Chlamydien und Syphilis sind heilbar, sollten aber möglichst schnell behandelt werden, da sie sonst sehr ernsthafte Folgen haben können. Herpes genitalis und Feigwarzen kann man zwar behandeln, aber nicht heilen, da die Viren lebenslang im Körper bleiben. Unbehandelt kann eine akute Herpes-Infektion bei einer Geburt zu Schäden am Neugeborenen führen, während Feigwarzen das Risiko für bestimmte Krebserkrankungen erhöhen.

AIDS, das durch den HIV-Virus übertragen wird, ist die schwerste aller sexuell übertragbaren Krankheiten. Sie greift das Immunsystem des Körpers an und ist bislang noch nicht heilbar. Zwar kann AIDS mit Medikamenten behandelt werden, führt aber trotzdem meist irgendwann zum Tod.

Bei sexuell übertragbaren Krankheiten ist es den Betroffenen oft peinlich, sich an einen Arzt zu wenden oder ihrem Partner zu sagen, dass sie ihn angesteckt haben könnten. Deshalb solltest du, ehe du Sex hast, nicht nur die Symptome der sexuell übertragbaren Krankheiten kennen, sondern auch wissen, wie du dich davor schützen kannst und was du tun musst, wenn du dich angesteckt hast. Hilfreiche Informationen über sexuell übertragbare Krankheiten findest du im Anhang auf Seite 243.

Letztlich bist natürlich du diejenige, die entscheidet, wie du mit deiner Sexualität umgehen willst, aber manchmal kann es auch hilfreich sein, mit anderen Menschen darüber zu sprechen. Schließ dabei aber deine Eltern als mögliche Gesprächspartner nicht automatisch aus, wie viele Jugendliche es tun, denn auch deine Mutter und dein Vater haben sich vermutlich genauso intensiv mit diesen Fragen beschäftigt wie du, als sie in deinem Alter waren. Zwar sind die Ansichten mancher Eltern mitunter etwas konservativer und strenger als die der meisten Jugendlichen, sodass viele erst gar nicht mit ihren Eltern darüber sprechen, aber sogar wenn dies bei deinen Eltern der Fall sein sollte, haben sie vielleicht gute Gründe für ihre Einstellungen. Und selbst wenn sie nicht völlig mit deinen Ansichten übereinstimmen sollten, können sie dir möglicherweise trotzdem manches sagen, das dir irgendwann nützen kann.

Sexualität und Schuldgefühle

Obwohl der Begriff »Sexualität« in diesem Buch bisher nicht oft gefallen ist, wurde eigentlich ständig über Sexualität gesprochen. Einige Menschen glauben zwar, dass Sexualität sich nur auf Geschlechtsverkehr bezieht, aber zur Sexualität gehören auch Dinge wie deine Einstellung zur Sexualität und zu den körperlichen Veränderungen in der Pubertät, sexuelle Fantasien, Masturbieren, Doktorspiele in der Kindheit, homosexuelle bzw. lesbische Neigungen, Verliebtsein, Umarmen, Küssen, Petting und andere Formen der körperlichen Nähe.

Für die meisten Menschen ist Sexualität etwas sehr Privates, das nicht in die Öffentlichkeit gehört. Auch viele Jugendliche gehen in der Pubertät nicht mehr so unbefangen mit ihrem Körper um wie in der Kindheit und reagieren verlegen, wenn andere sie nackt sehen. Für die meisten ist Sexualität also eine ganz per-

Methoden zur Schwangerschaftsverhütung

Auch wenn du noch keinen Sex haben solltest, ist es in jedem Fall sinnvoll, über Schwangerschaftsverhütung Bescheid zu wissen, und solltest du bereits Geschlechtsverkehr haben, ist dieses Thema umso wichtiger.

Wenn ein Paar miteinander schläft, aber kein Kind haben will, muss es sich um eine geeignete Schwangerschaftsverhütung kümmern. Manche Jugendliche glauben zwar, dass man nicht schwanger werden kann, wenn man zum ersten Mal Sex hat, aber das stimmt nicht, denn es gibt sehr viele Frauen und Mädchen, die gleich beim ersten Geschlechtsverkehr schwanger wurden. Bei Jugendlichen, die schon eine Zeit lang ohne Verhütung Sex hatten, ohne dass das Mädchen schwanger wurde, entsteht auch häufig ein falsches Gefühl von Sicherheit, sodass sie glauben, es würde irgendwie weiter gut gehen. Aber auch das stimmt nicht, denn Tatsache ist, dass die Chancen für eine Schwangerschaft umso größer sind, je länger ein Paar ohne Verhütung miteinander schläft. Manche Mädchen oder Frauen meinen auch, dass ihnen das schon irgendwie nicht passieren wird und nur andere schwanger werden. Aber auch das ist ein Trugschluss, denn ohne Verhütung kann es bei jedem Paar zu einer Schwangerschaft kommen, und bei den meisten ist das auch früher oder später der Fall.

Es stimmt auch nicht, dass man eine Schwangerschaft dadurch verhüten kann, indem man gleich nach dem Sex mehrmals in die Höhe springt oder eine Vaginaldusche anwendet, denn damit lassen sich die Spermien weder herausschütteln noch wegwaschen. Falsch ist auch, dass eine

Frau nicht schwanger werden kann, wenn sie während der Periode Sex hat. Nicht richtig ist außerdem die Annahme, eine Schwangerschaft lasse sich dadurch verhüten, dass der Mann den Penis vor dem Samenerguss aus der Scheide zieht. Vor dem Samenerguss produziert der Mann nämlich einige Tropfen Flüssigkeit in der Penisspitze, in der bereits Spermien enthalten sein können. Wenn der Mann dann seinen Penis vor dem Samenerguss zurückzieht, können schon einige Spermien in die Scheide gelangt sein. Und wenn der Samenerguss in der Nähe der Scheidenöffnung erfolgt, können die Spermien von dort aus trotzdem in die Scheide kommen.

Damit es nicht zu einer unerwünschten Schwangerschaft kommt, kann man unter verschiedenen Verhütungsmethoden wählen:

- Bei richtiger Einnahme ist die Antibabypille die sicherste Verhütungsmethode, sie muss aber vom Arzt verschrieben werden. Wegen der Hormonwirkung wird sie jedoch von manchen Frauen und Mädchen nicht gut vertragen.

- Wer die Pille nicht verträgt oder mag, kann sich vom Arzt auch die Spirale in die Gebärmutter einsetzen lassen. Sie verhindert, dass sich eine befruchtete Eizelle in die Gebärmutterschleimhaut einnisten kann, wird aber ebenfalls nicht von allen Frauen und Mädchen vertragen.

- Eine weitere relativ sichere Verhütungsmethode sind Kondome aus Latex, die vor dem Sex über den Penis gezogen werden und so verhindern, dass das Sperma während des Samengusses in die Scheide gelangt. Kondome schützen auch vor sexuell übertragbaren Krankheiten (Seite 219) und sind rezeptfrei erhältlich.

Im Anhang auf Seite 239 findest du noch genauere Informationsmöglichkeiten und Kontaktadressen, an die du dich wenden kannst.

sönliche Sache, über die sie mit anderen nicht gerne sprechen. Aber in sexuellen Dingen schüchtern oder sogar ein wenig verlegen zu sein, ist völlig natürlich und bedeutet nicht, dass du verklemmt bist oder dass bei dir irgendetwas nicht stimmt.

Es gibt allerdings einen Unterschied zwischen dem Gefühl, dass Sexualität etwas Privates ist, und dem Gefühl, sich deshalb schuldig oder schmutzig zu fühlen. Wenn du diese Schuldgefühle kennst, dann frag dich doch mal, ob es einen konkreten Grund dafür gibt, das heißt, ob du etwas tust oder getan hast, was dir oder anderen schaden könnte oder geschadet hat. Ist das nicht der Fall, dann gibt es eigentlich auch keinen Grund für Schuldgefühle. Aber sie dann einfach abzuschalten wie eine Lampe, ist oft gar nicht so leicht.

Der Grund dafür ist, dass die Menschen sehr unterschiedliche Vorstellungen von dem haben, was richtig und was falsch ist. Nehmen wir zum Beispiel das Masturbieren, das auch heute noch bei manchen Jugendlichen Schuldgefühle verursacht, obwohl es unserer Meinung nach eine ganz normale, gesunde Sache ist. Früher gab es allerdings viele Menschen, die das ganz anders sahen und Masturbieren zur Sünde erklärten, sodass es anscheinend auch heute noch kein Thema ist, über das man einfach so spricht.

Schuldgefühle hängen also offensichtlich nicht nur davon ab, ob etwas einen Schaden verursacht, sondern auch davon, welche moralischen Vorstellungen eine Gesellschaft vertritt. Aber wenn man sich bewusst macht, woher die Schuldgefühle kommen, kann man sie meist auch leichter überwinden.

Sexuelle Gewalt

Manche Eltern vermeiden es, mit ihren Kindern über sexuelle Gewalt zu sprechen, weil sie ihnen nicht unnötig Angst machen wollen. Das ist zwar verständlich, aber Tatsache bleibt, dass es sexuelle Gewalt gibt und dass es sinnvoll ist, darüber Bescheid zu wissen für den Fall, dass man selbst einmal in eine solche Situation geraten sollte.

Vergewaltigung

Vergewaltigung heißt, dass man jemanden gegen seinen Willen mit Gewalt zum Sex zwingt. Jeder kann zum Opfer einer Vergewaltigung werden, vom kleinen Kind bis zum alten Menschen, doch die meisten Vergewaltigungen geschehen Frauen und Mädchen (allerdings können auch Jungen oder Männer vergewaltigt werden).

Viele Opfer sind danach so verstört, dass sie nur noch nach Hause und die ganze Sache möglichst rasch vergessen wollen. Aber die Betroffene braucht nach einer Vergewaltigung schnellstmöglich Hilfe, denn selbst wenn es keine äußeren Verletzungen gibt, kann es zu inneren Verletzungen gekommen sein, die medizinisch versorgt werden müssen. Wichtig ist auch ein Test, ob das Opfer möglicherweise mit einer sexuell übertragbaren Krankheit infiziert wurde (siehe Seite 219), weshalb man vor der ärztlichen Versorgung nicht duschen oder baden sollte. Wenn das Opfer eine Frau oder ein Mädchen in der Pubertät ist, kann auch die Einnahme der »Pille danach« sinnvoll sein, um eine mögliche Schwangerschaft zu verhindern (es sind allerdings auch schon Mädchen nach einer Vergewaltigung schwanger geworden, die noch gar keine Periode hatten!).

Mindestens genauso wichtig wie die medizinische Versorgung ist aber auch eine einfühlsame psychologische Betreuung, denn eine Vergewaltigung richtet bei den meisten Betroffenen nicht nur körperliche Schäden an, sondern verursacht auch tiefe seelische Wunden. Ein solches Trauma kann sehr schlimm sein und das Opfer lebenslang begleiten, wenn es keine psychologische Unterstützung bekommt.

Wenn du selbst zum Opfer einer Vergewaltigung werden solltest, versteck dich nicht zu Hause, sondern hol dir sofort jede nur mögliche Hilfe, denn die brauchst du dringend in einer solchen Situation! Das können deine Eltern oder andere erwachsene Familienmitglieder sein, aber auch Freunde oder andere Menschen, denen du vertraust. Wenn du dich niemandem anvertrauen willst, den du kennst, kannst du dich auch anonym an einen Mädchen- oder Frauennotruf wenden, den es in jeder größeren Stadt gibt und dessen Telefonnummer du im Telefonbuch findest. Hier bekommst du erste Hilfe von Menschen, die sich mit einer solchen Situation sehr gut auskennen und die dir raten können, was du jetzt am besten tun kannst. Einige Telefonnummern und Adressen findest du auch im Anhang auf Seite 247.

Sexueller Missbrauch

Unter sexuellem Missbrauch von Kindern versteht man das Berühren, Streicheln oder Küssen der Geschlechtsorgane bis hin zum Geschlechtsverkehr. Missbrauch innerhalb der Familie ist eine der häufigsten Formen von sexuellem Missbrauch und bedeutet, dass ein Familienmitglied an einem anderen sexuelle

Handlungen vornimmt. Natürlich ist Sex in der Partnerschaft bei erwachsenen Familienmitgliedern kein Missbrauch und ebenso wenig sind es die harmlosen Doktorspiele bei Geschwistern. Anders verhält es sich dagegen mit sexuellen Kontakten zwischen älteren Geschwistern, was man Inzest nennt, oder zwischen einem Kind und einem erwachsenen Familienmitglied, der als Missbrauch bezeichnet wird.

Die meisten Missbrauchsopfer in der Familie sind Mädchen jeden Alters vom Baby bis zum Teenager, aber auch Jungen können zum Opfer eines solchen Missbrauchs werden. Die Täter sind in der Regel Väter, Stiefväter, ältere Brüder, Onkel oder andere männliche Verwandte. Sexueller Missbrauch findet aber auch außerhalb der Familie statt, und die Täter sind dann meist Freunde oder Bekannte der Familie, Lehrer, Sporttrainer, andere Erwachsene oder sogar völlig Fremde.

Sexueller Missbrauch ist nicht mit so offener Gewalt verbunden wie bei einer Vergewaltigung, sondern meist drängt der Täter das Kind zu sexuellen Handlungen. Und weil die meisten Opfer durch das, was mit ihnen geschieht, so verstört sind, können sie sich auch nicht dagegen wehren oder irgendetwas tun, um zu verhindern, dass es wieder geschieht.

Wenn du selbst zum Opfer von sexuellem Missbrauch geworden bist, ist das Allerwichtigste, dass du es jemandem erzählst. Das kann allerdings mitunter sehr schwer sein, besonders wenn der Missbrauch innerhalb der Familie geschieht. Manchmal reagieren nämlich die Menschen, denen man sich dann am ehesten anvertrauen würde, also die Eltern (oder ein Elternteil), auf eine solche Mitteilung zuerst einmal damit, dass sie es einfach nicht glauben (können). In diesem Fall kannst du dich vielleicht an einen anderen Erwachsenen wenden, dem du vertraust und der dich ernst nimmt.

Wenn du aber niemanden kennst, dem du es erzählen könntest, dann wende dich am besten telefonisch oder direkt an eine der Kontaktadressen im Anhang auf Seite 247. Die Menschen, mit denen du dort sprichst, haben dafür eine besondere Ausbildung bekommen und können nachfühlen, was du durchmachst (einige von ihnen wurden selbst zu Missbrauchsopfern). Du brauchst dafür auch nicht deinen Namen oder deine Adresse anzugeben, und alles was du sagst, ist streng vertraulich, sodass nichts davon nach außen gelangt, wenn du es nicht willst.

Missbrauchsopfern fällt es deshalb oft so schwer, sich einem anderen Menschen anzuvertrauen, weil ihnen der Täter das Versprechen abgenommen oder ihnen gedroht hat, dass sie niemandem etwas davon erzählen dürfen. Aber es gibt Versprechen, die man nicht halten sollte, und auch eine Drohung sollte dich auf keinen Fall davon abhalten, dich einem anderen Menschen anzuvertrauen, damit du künftig besser geschützt werden kannst.

Ein weiterer Grund, warum manche Missbrauchsopfer ihre schrecklichen Erfahrungen verschweigen, ist die Annahme, dass es irgendwie auch ihre eigene Schuld ist, dass sie es nicht verhindert haben. Aber diese Annahme ist völlig falsch, denn ein solches Verbrechen ist immer die Schuld desjenigen, der es begeht – das Opfer trifft weder eine Schuld noch hat es etwas falsch gemacht, und niemand braucht sich dafür zu schämen.

Nicht selten wollen die Opfer auch deshalb nichts erzählen, weil der Täter dann Schwierigkeiten mit der Polizei bekommt und eventuell sogar ins Gefängnis muss. Das geschieht meist dann, wenn der Täter zur Familie gehört, und der Gedanke an Polizei und Gefängnis erscheint dann auf den ersten Blick so schrecklich, dass man besser nichts sagt. Aber in der Regel ist das Erzählen für alle die beste Lösung, denn dadurch wird nicht nur das Opfer vor weiterem Missbrauch geschützt, sondern auch mögliche künftige Opfer wie Geschwister oder andere Kinder. Außerdem kommt der Täter meist in psychiatrische Behandlung, weil sexueller Missbrauch an Kindern eine schwere seelische Erkrankung ist, die behandelt werden muss.

Einige Opfer verraten auch deshalb nichts, weil sie Angst haben, dass die Familie dann auseinander brechen könnte – dass die Eltern sich scheiden lassen und die Dinge noch schlimmer werden könnten, als sie es schon sind. Aber sexueller Missbrauch in der Familie ist sowieso schon so schlimm, dass es kaum noch schlimmer werden kann, und in einer solchen Situation brauchen das Opfer und die anderen Familienmitglieder dringend Hilfe. Diese Hilfe kann allerdings nur dann kommen, wenn das Opfer den ersten Schritt wagt und mit jemandem darüber spricht.

Bei den meisten Missbrauchsopfern kommt noch die Angst dazu, was wohl geschieht, wenn sie später einen Partner haben und dieser merken könnte, dass sie missbraucht wurden. Aber das ist nicht der Fall, und niemand wird etwas davon erfahren, es sei denn, du selbst möchtest darüber sprechen.

noch ein paar Worte zum Schluss

In den letzten Kapiteln haben wir ausführlich über die körperlichen Veränderungen während der Pubertät gesprochen, aber natürlich gibt es in dieser Zeit auch viele seelische Berg- und Talfahrten. Manchmal geht es einem supergut, und man kann es kaum erwarten, endlich erwachsen zu werden, und dann gibt es wieder Zeiten, in denen man sich ohne ersichtlichen Grund plötzlich niedergeschlagen und deprimiert fühlt.

Eine der Ursachen für diese Gefühlsschwankungen sind nach Meinung der Ärzte die Hormone, die in der Pubertät nicht nur einen großen Einfluss auf den Körper, sondern auch auf die Gefühle haben, und Seele wie Körper brauchen dann etwas Zeit, um sich an diese Umstellung zu gewöhnen.

Aber die Hormone sind sicher nur eine Seite der wechselnden Himmelhoch-jauchzend-zu-Tode-betrübt-Zustände, denn mitunter können die vielen großen Veränderungen in der Pubertät so überwältigend sein, dass man sich ganz unsicher und ängstlich oder deprimiert fühlt.

Einige Mädchen beschrieben ihre Gefühle, die auch viele andere Jugendliche teilen, auf diese Weise:

»Manchmal freu ich mich, dass ich jetzt älter werde, aber manchmal hab ich auch richtig Angst davor. Alle sagen zwar, dass das ganz normal ist, aber immer, wenn ich mich gerade mal wieder richtig gut fühle, werde ich auf einmal total deprimiert. Dann will ich überhaupt

nicht mehr erwachsen werden und mit so schrecklichen
Dingen wie Vergewaltigung, Krankheit und Tod zu tun ha-
ben.«
Lisa, 12 Jahre alt

»Ich bin jetzt 13 und habe manchmal Angst, weil ich gar
nicht weiß, wie ich mit all den Veränderungen fertig
werden soll und wie überhaupt alles mal für mich werden wird. Aber wenn mir dann was Schönes passiert oder
in der Schule alles gut läuft, geht's mir plötzlich
wieder super.«
Marlene, 13 Jahre alt

Diese Gefühle sind also ganz normal, und wenn du weißt, dass es
anderen Mädchen in deinem Alter genauso geht, dann fühlst du
dich zwar vielleicht nicht automatisch besser, aber zumindest
weißt du, dass du damit nicht alleine bist. Manchmal sind Jugendliche aber auch deshalb unglücklich, weil sie meinen, jetzt
plötzlich so schnell erwachsen werden zu müssen, wie diese beiden Jungs es beschrieben:

»Ich versteh gar nicht, warum alle um mich herum wie
verrückt versuchen, möglichst schnell erwachsen zu
werden. Ich hab's überhaupt nicht eilig und finde es
auch ziemlich blöd, dass alle dauernd so cool sein wollen.«
Benni, 14 Jahre alt

»Jetzt soll ich also erwachsen werden und Verantwor-
tung übernehmen. Aber ich kann mir noch gar nicht richtig vorstellen, wie ich dann diese ganzen Entscheidungen treffen soll. In zwei Jahren fang ich mit der Ausbildung an, und danach gehe ich arbeiten und habe vermutlich auch eine eigene Wohnung. Aber eigentlich weiß

ich überhaupt noch nicht, was ich mal werden will und
ob ich das wirklich alles schaffe. Wenn ich mir das so
überlege, würde ich manchmal am liebsten ein Kind bleiben.«   *Tobias, 14 Jahre alt*

Andere Jugendliche leiden unter dem Gegenteil – nämlich dass
die Erwachsenen und vor allem die Eltern sie anscheinend davon
abhalten wollen, erwachsen zu werden:

»Manchmal hasse ich meine Eltern – dauernd tun sie so,
als sei ich noch ein kleines Kind, meckern ständig an
mir rum und wollen mir immer noch vorschreiben, was ich
anziehen soll, wo ich hingehen darf und wo nicht, mit
wem ich weggehen darf, wann ich abends nach Hause kommen muss und so weiter. Sie lassen mich nie in Ruhe und
glauben wohl, dass ich nie erwachsen werde.«

Simone, 14 Jahre alt

Nicht alle Jugendlichen in der Pubertät haben automatisch Probleme mit den Eltern, aber bei den meisten Teenagern gibt es zumindest hin und wieder Konflikte, und manchmal kann sogar ein
richtiger Krieg daraus werden. Die Konflikte hängen meist mit
den Veränderungen in der Beziehung zwischen Eltern und Kind
zusammen, die sich in der Pubertät ergeben, und diese Veränderungen zu akzeptieren ist für beide Seiten manchmal nicht ganz
einfach.

Um besser zu verstehen, was da eigentlich geschieht, braucht
man sich eigentlich nur mal in die Lage aller Beteiligten zu ver-
setzen: Von Geburt an und während der ganzen Kindheit hängt
man in jeder Beziehung von seinen Eltern ab, und es ist die Aufgabe der Eltern, das Kind zu versorgen, es zu beschützen und

ihm so viel beizubringen, dass es später als Erwachsener unabhängig leben kann. Kinder brauchen also ihre Eltern viele Jahre lang, aber irgendwann in der Pubertät kommt der Punkt, an dem sie erwachsen werden, unabhängig sein und ihre eigenen Entscheidungen treffen wollen. Dann wird die bisherige Beziehung beendet und alle Beteiligten müssen jetzt nach und nach eine neue Beziehung aufbauen. Aber alte Gewohnheiten aufzugeben und dafür neue zu finden, ist nicht immer ganz leicht und erfordert von beiden Seiten viel Toleranz. Wenn du dich zum Beispiel ärgerst, weil sie dir vielleicht immer noch sagen wollen, was du anziehen oder tun sollst, obwohl du eigentlich schon alt genug bist, um solche Entscheidungen selbst zu treffen, dann denk einfach daran, dass deine Eltern das wahrscheinlich noch aus guter alter Gewohnheit tun und nicht, weil sie dich ärgern wollen.

Oft verändern sich während der Pubertät auch die Beziehungen zu den bisherigen Freundinnen und Freunden, und diese Veränderungen können viel Unsicherheit und Verwirrung mit sich bringen. Und wie mit den Eltern ist es dann auch nicht immer ganz leicht, alte Beziehungen aufzugeben und neue aufzubauen.

In diesen Jahren spielt meist die Zugehörigkeit zu einer Gruppe eine wichtige Rolle, denn durch die gleichen Interessen und ähnlichen Probleme wird alles etwas leichter, und das Leben macht mehr Spaß, weil man sich akzeptiert fühlt und weniger einsam und unsicher ist. Aber Gruppen sind manchmal auch nicht ganz unproblematisch, etwa wenn man von einer bestimmten Gruppe nicht akzeptiert wird, obwohl man gern dazugehören würde. Selbst wenn man von der Gruppe akzeptiert wird, kann es sein, dass man einen Preis dafür zahlt, nämlich dass man sich auf eine bestimmte Weise verhalten muss, damit man dazugehört. Und dass dieses Problem gar nicht so selten ist, haben uns einige Mädchen bestätigt:

»Ich gehöre zur coolsten Gruppe in meiner Klasse, aber manchmal passieren da Dinge, die ich überhaupt nicht gut finde. Zum Beispiel lachen sie immer über die Mädchen, die nicht so beliebt sind, machen blöde Witze und tuscheln hinter ihrem Rücken. Aber weil ich dazugehören will, muss ich die Klappe halten, und hinterher geht's mir dann immer schlecht.«   *Valerie, 14 Jahre alt*

»Ich hasse die Schule, weil man sich da entweder anpassen muss oder zum Außenseiter wird. Wenn man zum Beispiel eine andere Meinung hat als die anderen, darf man sie nicht sagen, weil dann alle auf einem herumhacken. Man muss immer genau das Gleiche sagen wie alle, sonst ist man out.«   *Tina, 13 Jahre alt*

»Meine Freunde überreden mich immer wieder zu Sachen, die ich eigentlich gar nicht will. Ich gehöre zu einer Gruppe von Leuten, mit denen ich viel unterwegs bin, aber die trinken dann immer so viel und kiffen auch manchmal, weil das cool ist. Meine Eltern würden einen Riesenärger machen, wenn sie wüssten, was ich da tue, und eigentlich interessiert mich das auch gar nicht so, aber ich will eben nicht draußen stehen.«

Vanessa, 15 Jahre alt

Wie wir gesehen haben, besteht das Erwachsenwerden also aus sehr unterschiedlichen Erfahrungen. Einerseits kann man sich auf viele aufregende Dinge freuen, andererseits gibt es aber auch zahlreiche Veränderungen, die neu und ungewohnt sind: körperliche Veränderungen, Veränderungen im täglichen Leben, Veränderungen in der Beziehung zu den Eltern und Freunden. Vielleicht hat es ja schon mal irgendwo und irgendwann einen Jungen oder ein Mädchen gegeben, die in der Pubertät überhaupt keine Probleme hatten, aber da haben wir so unsere Zweifel. Wenn du wie die meisten anderen Jugendlichen bist, wird es in der Pubertät wahrscheinlich hin und wieder Zeiten geben, in denen dir die körperlichen und seelischen Veränderungen zu schaffen machen und du unsicher bist, was da jetzt eigentlich gerade mit dir passiert. Wir hoffen, dass dieses Buch dir helfen kann, mit deinen Problemen besser fertig zu werden, denn wenn du weißt, was da geschieht, und wenn du siehst, dass es allen anderen Jugendlichen in deinem Alter mehr oder weniger ähnlich geht, dann ist das schon fast die halbe Miete. Als weitere Hilfe haben wir außerdem im Anhang ab Seite 235 einige Bücher und Kontaktadressen angegeben, wo du dir noch mehr Informationen zu den verschiedenen Themen holen kannst.

nützliche Bücher und Adressen

Bücher über die Pubertät für Mädchen

All about girls. Für Mädchen, die es wissen wollen; Sylvia Schneider; Arena Verlag, 1998

Alles, was Mädchen wissen wollen. Infos und mehr für die aufregendsten Jahre des Lebens; Trude Ausfelder; Heinrich Ellermann Verlag, 1997

Boywatching. Von Muttersöhnchen, bösen Jungs und Mr. Ultracool; Kathryn Lamb; Ueberreuter Verlag, 2002

Das andere Mädchenbuch; Patricia Mennen; Ravensburger Verlag, 2000

Das erste Mal; Schulte und Gerth Verlag, 1999

Das Mädchen-Fragebuch. Wachsen und erwachsen werden; Sylvia Schneider; Ueberreuter Verlag, 1992

Das starke Buch für Mädchen; Cornelia von Schelling, Brigitte Beil; Mosaik Verlag, 1999

Der Trend bist du. Wie du deinen eigenen Typ findest; Ayse Ölcer, Hatice Öcal; Ueberreuter Verlag, 1999

Die härtesten Jahre. Oder wie man die Pubertät überlebt; Steve Barlow, Steve Skidmore; Ueberreuter Verlag, 1998

Endlich ... ich werde erwachsen. Ratgeber für Teenager ... und ihre Eltern; James Dobson; Edition Trobisch, 1997

First Love. Alles über Liebe und Sexualität; Patricia Mennen; Ravensburger Verlag, 2001

Girl Power; Caroline Plaisted; Kerle Verlag, 1998

Girls, Girls, Girls. Alles was ihr über Boys, Sex, Liebe und Beauty wissen müsst; Barbara Poche, Norman Filz; Ueberreuter Verlag, 2001

Herzklopfen; Tatjana Gerhard; Scao Verlag, 2000

Hey, Kopf hoch – Teen sein ist cool; Regina Letzel-Preuß; Schmitz Verlag, 2000

Hilfe, meine Familie nervt; Markus Limacher; Rex Verlag, 2000

Just for girls; Michaela Böhm; Loewe Verlag, 1998

Küss mich. Das Liebe-Lesebuch; Brigitte Young Miss; Rowohlt Verlag, 1999

Lieb mich, wie ich bin. Klartext für Jungen und Mädchen; Gerlinde Ortner; Goldmann Verlag, 2000

Mädchen. 1000 Fragen, alle Antworten; Gaby Schuster; Loewe Verlag, 2001

Nimm's selbst in die Hand. Wenn Eltern, Schule und Freunde Probleme machen; Petra Rietz; VAK Verlag, 2001

Nur für Mädchen. Alles was du wissen willst; Regina Höppner; Hänssler Verlag, 1999

Pickel, Sex und immer Krach. Pubertät – der schwierige Weg ins Erwachsenenleben; Astrid Kaiser; Südwest Verlag, 2000

Power-Talk für Teens. Über den Umgang mit anderen; Rosi Rusthon; Ueberreuter Verlag, 1998

Pubertät: Die eigene Kraft entdecken; Volker Friebel, Marianne Kunz; Rowohlt Verlag, 2001

Pubertät? Kein Grund zur Panik. Ein Buch für Töchter, Söhne, Mütter und Väter; Cornelia Nitsch; Mosaik Verlag, 2001

Ratgeber für Mädchen zwischen 10 und 16; Miriam Stoppard; Urania Verlag, 1999

Reine Mädchensache. Der Ratgeber mit vielen heißen Tips; Gaby Schuster; Loewe Verlag, 1994

So ist das mit den Mädchen. So ist das mit den Jungen. Ein Aufklärungsbuch; Sylvia Schneider; Arena Verlag, 2000

Teenage Barbie; Francesca Lia Block; Ravensburger Verlag, 2001

Thirteen Something. Ein Überlebensratgeber für Teens; Jane Goldman; Kerle Verlag, 1997

Von Zwölf bis Sechzehn. Abenteuer Pubertät; Gisela Preuschoff; Papyrossa Verlag, 2001

Weil du ein Mädchen bist; Uschi Flacke; Gütersloh Verlag, 1996

Weil ich dich verstehen will. Worüber Mädchen und Jungen reden möchten; Uschi Flacke; Ueberreuter Verlag, 1999 (ab 12 J.)

Weil ich ein Mädchen bin. Coole Tipps fürs Frauwerden; Nancy Rue; Schulte und Gerth Verlag, 2001

Weil ich ein Mädchen bin. Stark und selbstbewusst durch die Pubertät; Carol Eagle, Carol Coldman; Patmos Verlag, 1999

Weil wir Mädchen sind. Christine Lange, Irene Müller; Rowohlt Verlag, 1997

Weil wir was zu sagen haben. Mädchen über Liebe, Lust und Launen; Uschi Flacke; Ueberreuter Verlag, 1998

Wenn aus Mädchen Frauen werden. Das Buch für Töchter und Mütter; Gisela Preuschoff; Herder Verlag, 2001

Wenn Gefühle Achterbahn fahren. Pubertätskrisen und wie man sie überwindet; Barbara Büchner; Überreuter Verlag, 2000

Bücher über die Pubertät für Jungs

Alles, was Jungen wissen wollen; Trude Ausfelder; Heinrich Ellermann Verlag, 1998

Boywatching. Von Muttersöhnchen, bösen Jungs und Mr. Ultracool; Kathryn Lamb; Ueberreuter Verlag, 2002

Das erste Mal; Schulte und Gerth Verlag, 1999

Das Jungen Fragebuch; Sylvia Schneider; Ueberreuter Verlag, 1993

Die härtesten Jahre. Oder wie man die Pubertät überlebt; Steve Barlow, Steve Skidmore; Ueberreuter Verlag, 1998

Eintausend (1000) Jungenfragen; Tim Hüsch; Loewe Verlag, 1998

Endlich ... ich werde erwachsen. Ratgeber für Teenager ... und ihre Eltern; James Dobson; Edition Trobisch, 1997

First Love. Alles über Liebe und Sexualität; Patricia Mennen; Ravensburger Verlag, 2001

Herzklopfen; Tatjana Gerhard; Scao Verlag, 2000

Hey, Kopf hoch – Teen sein ist cool; Regina Letzel-Preuß; Schmitz Verlag, 2000

Hilfe, meine Familie nervt; Markus Limacher; Rex Verlag, 2000

Jungs – und wie sie wirklich funktionieren. So fühlen, denken, träumen sie; Maria Coole; Ueberreuter Verlag, 2001

Lieb mich, wie ich bin. Klartext für Jungen und Mädchen; Gerlinde Ortner; Goldmann Verlag, 2000

Nimm's selbst in die Hand. Wenn Eltern, Schule und Freunde Probleme machen; Petra Rietz; VAK, 2001

Perfect Boys. Das Powerbuch für Jungs; Sylvia Schneider; Ueberreuter Verlag, 1998

Pickel, Sex und immer Krach. Pubertät – der schwierige Weg ins Erwachsenenleben; Astrid Kaiser; Südwest Verlag, 2000

Power-Talk für Teens. Über den Umgang mit anderen; Rosi Rusthon; Ueberreuter Verlag, 1998

Pubertät: Die eigene Kraft entdecken; Volker Friebel, Marianne Kunz; Rowohlt Verlag, 2001

Pubertät? Kein Grund zur Panik. Ein Buch für Töchter, Söhne, Mütter und Väter; Cornelia Nitsch; Mosaik Verlag, 2001

Reine Jungensache. Der Ratgeber mit vielen coolen Tips; Tim Hüsch; Loewe Verlag, 1996

So ist das mit den Mädchen. So ist das mit den Jungen. Ein Aufklärungsbuch; Sylvia Schneider; Arena Verlag, 2000

Teenagerjahre. Die harten Fakten. Basiswissen für Jungs; Jeremy Daldry; Ueberreuter Verlag, 1999

Von Zwölf bis Sechzehn. Abenteuer Pubertät; Gisela Preuschoff; Papyrossa Verlag, 2001

Weil ich dich verstehen will. Worüber Mädchen und Jungen reden möchten; Uschi Flacke; Ueberreuter Verlag, 1999

Wenn Gefühle Achterbahn fahren. Pubertätskrisen und wie man sie überwindet; Barbara Büchner; Ueberreuter Verlag, 2000

Bücher für Eltern

Das können doch nicht meine sein. Gelassen durch die Pubertät; Elisabeth Raffauf; Beltz Verlag, 2000

Endlich … ich werde erwachsen. Ratgeber für Teenager … und ihre Eltern; James Dobson; Edition Trobisch, 1997

Gemeinsam die Magersucht besiegen. Ein Leitfaden für Betroffene, Freunde und Angehörige; Janet Treasure; Beltz Verlag, 2001

Ich verstehe mein Kind nicht mehr. So helfen Sie sich und Ihrem Teenager durch die Pubertät; Wolfgang Thielke; Midena Verlag, 1999

Irrgarten Pubertät. Elternängste; Max Friedrich; Deutsche Verlags-Anstalt, 1999

Iß doch endlich mal normal. Hilfe für Angehörige von eßgestörten Mädchen und Frauen. Bärbel Wardetzki; Kösel Verlag, 1996

Jugendliche brauchen Werte; Björn Wrangsjö; Scherz Verlag, 1999

Pubertät ist, wenn die Eltern schwierig werden. Tagebuch einer betroffenen Mutter; Marianne Arlt; Herder Verlag, 2000

Pubertät. Konflikte verstehen. Lösungen finden. Chancen erkennen; Roswitha Spallek; Kreuz Verlag, 2001

Pubertät. Loslassen und Haltgeben; Jan-Uwe Rogge; Rowohlt Verlag, 2000

Puberterror. Ratgeber für alle, die mit Jugendlichen zu tun haben; Thomas Baier; Care Line, 1997

Rebellen ohne Führerschein. Wie Sie die Pubertät Ihres Kindes überleben; Fred Mednick; Beltz Verlag, 1998

Sanfte Landung für Kamikaze Kids; H.G. Coombs; Hermann Bauer Verlag, 1996

So richtig Pubertät. Was Eltern lassen sollten und was sie tun können; George Orvin; Herder Verlag, 2000

Warum gerade mein Kind? Interviews mit Eltern homosexueller Kinder; Heidi Hassenmüller, Hans Georg Wiedemann.

Welt ich komme. Der Pubertät 2. Teil. Tagebuch einer entnervten Mutter; Marianne Arlt; Herder Verlag, 1995

Wenn Kinder Jugendliche werden; Manuela Ullrich; Juventa Verlag, 1999

Wie sie sich fühlen, was sie sich wünschen; Petra Milhoffer; Juventa Verlag, 2000

Bücher über Menstruation, Periodenschmerzen, PMS, Schwangerschaftsverhütung, sexuell übertragbare Krankheiten/Aids

Das Schwarzmond-Tabu. Die kulturelle Bedeutung des weiblichen Zyklus; Jutta Voss; Kreuz Verlag, 1988

Diese Tage. Was du niemals fragen würdest, aber wissen möchtest; Karen Gravelle; Achterbahn Verlag, 1997

Dieses kleine Stück Watte; Renate Waschek; W. Pieper Verlag, 1997

Drachenzeit; Luisa Francia; Frauenoffensive Verlag, 2000

Frauenkörper, Frauenweisheit; Christiane Northrup; Zabert Sandmann Verlag, 2000

In der Regel gute Tage; Sylvia Schneider; Ueberreuter Verlag, 1999

Problemlos durch die Tage. Was Mädchen über die Periode wissen möchten; Tricia Kreitman; Ueberreuter Verlag, 2002

Roter Mond. Von der Kraft des weiblichen Zyklus; Miranda Gray; Goldmann Verlag, 1999

Bücher über Bulimie und Magersucht (Anorexie)

Alice im Hungerland. Leben mit Bulimie und Magersucht; Marya Hornbacher; Ullstein Verlag, 2001

Auf hauchdünnem Eis. Geschichte einer Magersucht; Shanon Christian, Margaret Johnson; Oncken Verlag, 1999

Ausbrechen. Bulimie verstehen und überwinden; Verena Böning; Urban & Fischer Verlag, 2000

Bulimie. Wenn Nahrung und Körper die Mutter ersetzen; Cordula Keppler; Walter Verlag, 2000

Das Land, in dem ich sterbe. Die wahre Geschichte meiner Schwester; Fawzia Zouari; Ullstein Verlag, 2000

Der goldene Käfig. Das Rätsel der Magersucht; Hilde Bruch; Fischer TB-Verlag, 1998

Der Weg zurück ins Leben. Magersucht und Bulimie verstehen und heilen; Peggy Claude-Pierre; Fischer TB-Verlag, 2001

Die Bulimie besiegen. Ein Selbsthilfe-Programm; Ulrike Schmidt, Janet Treasure; Beltz Verlag, 2000

Fremd-Körper; Gesa Herbst; Rowohlt Verlag, 2001

Gemeinsam die Magersucht besiegen. Ein Leitfaden für Betroffene, Freunde und Angehörige; Janet Treasure; Beltz Verlag, 2001

Hunger nach weniger. Geschichte einer Magersucht; Jessica Antonis; Ueberreuter Verlag, 2001

Magere Zeiten. Das Jahr, in dem ich erwachsen wurde; Lori Gottlieb; Econ TB-Verlag, 2000

Magersucht und Bulimie. Verstehen und bewältigen; Monika Gerlinghoff, Beltz Verlag, 1999

Magersucht und Eßsucht. Ursachen, Beispiele, Behandlung; Charlotte Buhl; Trias Verlag; Stuttgart, 1991

Majas Macht; Heidi Hassenmüller; Heinrich Ellermann Verlag, 2001

Mein Körper, mein Feind; Claire Beeken, Rosanna Greenstreet; Lübbe Verlag, 1998

Raus damit. Bulimie: ein autobiographischer Ratgeber; Dolores Schmidinger; Orac Verlag, 1998

SuperSchlank? Zwischen Traumfigur und Essstörungen; Kathryn Seyfahrt; Kösel Verlag, 2000

Wege aus der Eßstörung; Monika Gerlinghoff, Herbert Backmund; Trias Verlag, 1991

Wie lasse ich meine Bulimie verhungern? Margret Gröne; Carl-Auer-Systeme-Verlag, 1999

Bücher über Homosexualität

Schwule, Lesben, Bisexuelle. Lebensweisen, Vorurteile, Einsichten; Udo Rauchfleisch; Vandenh.-u.-R.-Verlag, 1996

Am I Blue? 14 Stories von der anderen Liebe; Marion Bauer; Ravensburger Buchverlag, 2000

Rollenspiele; Hans Olson; Bertelsmann Verlag, 2000

Ich mach mir nichts aus Mädchen. Wenn Jungs schwul sind. Ein Ratgeber; Maximilian Geißler, Andrea Przyklenk; Kösel Verlag, 1998

Out now. Das Coming-out-Buch für Jungen; Heinrich Ellermann Verlag, 2000

Gemischte Gefühle. Ein Lesebuch zur sexuellen Orientierung; Joachim Braun, Beate Martin, Rowohlt Verlag, 2000

Jane liebt Julia. Das Coming-Out-Buch; Pia Werner, Barbara Wörmann, Droemer Knaur Verlag, 2000

Nützliche Internet-Adressen
Treffpunkt für Teenager

• **www.youngavenue.de**

Hier hast du einen Raum, in dem du mit Gleichaltrigen über deinen Alltag zu Hause, in der Schule und der Freizeit chatten, diskutieren und mailen kannst. Hier kannst du aber auch mit erfahrenen Therapeuten Verbindung aufnehmen, und deine Fragen, Probleme, Ängste und Sorgen über die Help-Line auch anonym per E-Mail mitteilen, egal, ob es um zerbrochene Freundschaften, Stress mit den Lehrern,

Ärger mit den Eltern, Essprobleme oder Angst vor (oder nach) dem ersten sexuellen Kontakt geht. Erfahrene Mitarbeiterinnen und Mitarbeiter werden dir dann direkt antworten und geben dir Informationen über Hilfe-Hotlines und Beratungsstellen in deiner Nähe. Im »Ärztehaus« kannst du zum Beispiel erste Informationen rund um die Themen abholen, die dich interessieren, oder direkt an eine Ärztin schreiben, die dir innerhalb weniger Tage ganz individuell eine Antwort gibt. In der »Anwaltskanzlei« kannst du Fragen an eine junge Anwältin stellen, die dir dann per E-Mail weiterhilft, aber du kannst dich auch in allgemeinen Fragen an Psychologen und Pädagogen wenden, die dich mit ihrem Wissen unterstützen.

- **www.teenyweb.de**
- **www.willy-online.de**

Bulimie und Magersucht (Anorexie)

- **www.magersucht-online.de**
  Umfassende Informationen zur Magersucht, Ursachen und Risiken dieser Essstörung, ausgewählte Literatur und Links zum Thema, Berichte Betroffener und Adressen, bei denen man Hilfe bekommen kann. Informationen zur Therapie von Essstörungen und wie man den richtigen Therapeuten findet.
  - *Für Betroffene:* Habe ich eine Essstörung? Woran kann ich das erkennen und wo kann ich Hilfe bekommen?
  - *Für Angehörige:* Informationen über Essstörungen und Unterstützung der Betroffenen auf dem Weg der Heilung.
  - *Mit Online-Chat* über alle Themen rund um Essstörungen (auch anonym).
  - *Adressen von Beratungsstellen* in Deutschland, Österreich und der Schweiz.

Aufklärung und Schwangerschaftsverhütung

- **www.sexundso.de**
- **www.verhuetung-abc.de**
- **www.aufklaerungs-homepage.de**
- **www.ikk.de**

- www.pille.com
- www.kondomberater.de
- www.sextra.de
- www.profamilia.de
- www.loveline.de

Sexuell übertragbare Krankheiten und AIDS

- www.aidshilfe.de
- www.aidsaufklaerung.de

Homosexualität

- www.lambda-online.de
- www.sexundso.de
- www.lesbenberatung.de
- www.schwulenberatung.de

Sexueller Missbrauch/sexuelle Belästigung

- www.initiative-gegen-gewalt.de
  Initiative gegen Gewalt und sexuellen Missbrauch an Kindern und Jugendlichen e.V.
- www.kinderschutz-bitburg-pruem.de
  Interessengemeinschaft für Kinderschutz e.V. Bitburg-Prüm
  Beratung und Hilfe bei Vernachlässigung, Misshandlung und sexuellem Missbrauch von Kindern und Jugendlichen.
- www.schufek.de
  Schutzgemeinschaft für Eltern und Kinder (SCHUFEK) informiert über den sexuellen Missbrauch von Kindern.
- www.Roslies-Wille-Nopens.de
  Interessengemeinschaft zur Verhütung sexuellen Missbrauchs an Kindern e.V. unterstützt Opfer sexueller Gewalt durch Vermittlung von Therapeuten oder Rechtsbeiständen.
- www.stolen-lives.org
  Interessenvereinigung, die bei den Behörden für einen konstanten Fahndungsdruck in Fällen von vermissten und missbrauchten Kindern sorgen will.

- **www.kjnt.de/allerleirauh/frame.html**
- **www.kinderschutzzentrum.de** (Adressen siehe Seite 245)

Mädchen- und Frauennotruf

- **Alzey:** Frauenberatungsstelle, Tel. 06731/7217 oder 7227
- **Bad Honnef:** Frauenzentrum Frauen für Frauen e.V., Tel. 02224/10548
- **Berlin:** Frauenselbsthilfe – Frauen gegen Gewalt an Frauen e.V., Tel. 030/3733008
- **Berlin:** Frauenhausladen, Tel. 030/3914947
- **Bitterfeld:** Erziehungs-und Familienberatungsstelle, Diakonieverein e.V., Tel. 03493/42649
- **Bottrop:** Frauenzentrum Courage, Tel. 02041/63593
- **Bremen:** Frauenladen, Tel. 0421/702781
- **Burgdorf:** Frauen- und Mütterzentrum Burgdorf e.V., Tel. 05136/896979
- **Dortmund:** Notruf für sexuell belästigte und vergewaltigte Frauen e.V., Tel. 0231/160999
- **Dresden:** Frauen- und Mädchengesundheitszentrum Medea e.V., Tel. 0351/8495679
- **Eckernförde:** Frauen- u. Mädchentreff, Tel. 04351/3570
- **Erfurt:** Tel. 0361/5656510
- **Freiburg im Breisgau:** Frauenhorizonte gegen sexuelle Gewalt, Tel. 0761/28585-85
- **Gießen:** Beratungsstelle für Mädchen und Frauen in Not- und Krisensituationen, Tel. 0641/74349
- **Hamburg:** Wohn- und Beratungsangebot, Schutz vor Gewalt für minderjährige Frauen, Tel. 040/42849265
- **Hamburg:** Für minderjährige Frauen, Tel. 040/63200265
- **Heidenheim:** Tel. 07321/22252
- **Kiel:** Frauentreffpunkt Beratung u. Information für Frauen e.V., Tel. 0431/524241
- **Lübeck:** Tel. 0451/704640
- **Magdeburg:** Interventionsprojekt für Opfer sexualisierter Gewalt e.V., Tel. 0391/7338391

- **Pforzheim:** Lilith Mädchentreff, Tel. 07231/353433
- **Pulheim:** Frauen und Kulturcafé, Tel. 02238/82581
- **Schwäbisch Hall:** Frauenzentrum Notruf für Frauen und Kinder e.V., Tel. 0791/85444
- **Traunstein:** Frauen für Mädchen e.V., Tel. 0861/8371
- **Trier:** Tel. 0651/49777
- **Unna:** Frauenforum im Kreis Unna e.V., Tel. 02303/983354
- **Waren:** Frauen- und Mütterschutzzentrum, Tel. 03991/165111
- **Wetzlar:** Mädchenberatung, Tel. 06441/45107

Kinderschutzzentren

- Kinderschutz-Zentrum Gütersloh
  Marienfelderstr. 4, **33330 Gütersloh**
  Tel. 05241/14999, Fax: 05241/14998, E-Mail: SPFH@freenet.de
- Kinderschutz-Zentrum Göppingen
  Marktstr. 52, **73033 Göppingen**
  Tel. 07161/969494, Fax: 07161/969495
- Kinderschutz-Zentrum Hamburg
  Emilienstr. 78, **20259 Hamburg**
  Tel. 040/4910007, Fax: 040/4911691
  E-Mail: Kinderschutz-Zentrum@hamburg.de
- Kinderschutz-Zentrum Hamburg-Harburg
  Eißendorfer Pferdeweg 40a, **21075 Hamburg-Harburg**
  Tel. 040/7901040, Fax: 040/79010499
  E-Mail: Kinderschutzzentrum-Harburg@hamburg.de
- Kinderschutz-Zentrum Hannover
  Schwarzer Bär 8, **30449 Hannover**
  Tel. 0511/92400200, E-Mail: hannover@kinderschutzzentrum.de
- Kinderschutz-Zentrum Heidelberg
  Adlerstr. 1/6, **69123 Heidelberg**
  Tel. 06221/739210, Fax: 06221/7392150
- Kinderschutz-Zentrum Westküste
  Theodor-Storm-Str. 7, **25813 Husum**
  Tel. 04841/691450, Fax: 04841/691459
  E-Mail: Kinderschutz-ze@diakonischeswerk-husum.de

- Kinderschutz-Zentrum Kiel
  Zastrowstr. 12, **24114 Kiel**
  Tel. 0431/122180, Fax: 0431/16888
  E-Mail: Kinderschutz_Zentren_kiel@gmx.de
- Kinderschutz-Zentrum Köln
  Spichernstr. 55, **50672 Köln**
  Tel. 0221/57777-0, Fax: 0221/57777-11
  E-Mail: Kinderschutzzentrum@kinderschutzbundkoeln.de
- Kinderschutz-Zentrum Leipzig
  Brandvorwerkstr. 80, **04275 Leipzig**
  Tel. 0341/9602837, Fax: 0341/9602838
  E-Mail: KSZ04275@telda.net
- Kinderschutz-Zentrum Lübeck
  An der Untertrave 77, **23552 Lübeck**
  Tel. 0451/78881, Fax: 0451/72295, E-Mail: kiz-luebeck@freenet.de
- Kinderschutz-Zentrum Mainz
  Lessingstr. 25, **55118 Mainz**
  Tel. 06131/613737, Fax: 06131/670504
  E-Mail: kszrnainz@aol.com
- Kinderschutz-Zentrum München
  Pettenkoferstr. 10a, **80336 München**
  Tel. 089/555356, Fax: 089/55029562
  E-Mail: kinderschutzzentrum@link-m.de
- Kinderschutz-Zentrum Oldenburg – Vertrauensstelle Benjamin –
  Friederikenstr. 3, **26135 Oldenburg**
  Tel. 0441/17788, Fax: 0441/2489800, E-Mail: KSZ-VB@nwn.de
- Kinderschutz-Zentrum Saarbrücken
  Graf-Johann-Str. 2, **66121 Saarbrücken**
  Tel. 0681/69191, Fax: 0681/635440
- Kinderschutz-Zentrum Stuttgart
  Pfarrstr. 11, **70182 Stuttgart**
  Tel. 0711/238900, Fax: 0711/2389018
- Kinder- und Jugendschutzdienst »Allerleirauh«
  Bahnhofstr. 17, **98527 Suhl**
  Tel. 03681/309990, Fax: 03681/309988
  E-Mail: KJSD.Suhl@t-online.de

Beratungsstellen für Mädchen und Jungen, Frauen und Männer

- Fachberatungsstelle des DKSB, Hilfe und Fachberatung bei sexueller Gewalt, Schillerstr. 14a, **23795 Bad Segeberg**, Tel. 04551/38888
- Pro Familia, MISS-Beratungsstelle für Betroffene sexueller Gewalt, Calandstr. 7/8, **18528 Bergen auf Rügen**, Tel. 03838/254545
- KIZ – Kind im Zentrum, Sybelstr. 30, **10629 Berlin**, Tel. 030/3247090
- Lichtblick Buxtehude, Berta-von-Suttner-Allee 4, **21614 Buxtehude**, Tel. 04161/714715
- AWO-Beratungsstelle gegen häusliche Gewalt und sexuellen Missbrauch – AUSWEG, Schaufußstr. 27, **01277 Dresden**, Tel. 0351/3100221
- Kinderschutzdienst Haut-Nah, Ammertalweg 29, **99086 Erfurt**, Tel. 0361/7310124
- AWO-Beratungszentrum, Lore-Agnes-Haus, Lützowstr. 32, **45141 Essen**, Tel. 0201/3105-3
- Wagemut, Beratungsstelle für sexuell missbrauchte Mädchen und Jungen, Pro Familia, Marienstr. 29–31, **24937 Flensburg**, Tel. 0461/9092630
- Wendepunkt e.V., Hornusstr. 16, **79102 Freiburg**, Tel. 0761/7071191
- DUNKELZIFFER e.V., Hegestr. 2, **20251 Hamburg**, Beratungstelefon: 040/39901828, E-Mail: info@dunkelziffer.de
- Allerleirauh, Helmholtzstr. 1, **76124 Karlsruhe**, Tel. 0721/1335381 oder 1335382
- Zartbitter e.V., Kontakt- und Informationsstelle gegen sexuellen Missbrauch an Kindern und Jugendlichen, Sachsenring 2–4, **50677 Köln**, Tel. 0221/312055
- Sag' es e.V., Kontakt- und Informationsstelle gegen sexuellen Missbrauch an Mädchen und Jungen, Düsseldorfer Str. 16, **40740 Langenfeld**, Tel. 02173/82765
- Zornröschen e.V., Verein gegen sexuellen Missbrauch an Mädchen und Jungen, Regentenstr. 108, **41061 Mönchengladbach**, Tel. 02161/208886

- Zartbitter Münster e.V., Bahnhofstr. 6, **48143 Münster**,
  Tel. 0251/4140555
- KOBRA e.V., Beratungsstelle gegen sexuelle Gewalt an Mädchen
  und Jungen, Hölderlinstr. 20, **70174 Stuttgart**, Tel. 0711/162970

Beratungsstellen nur für Mädchen und Frauen

- Wildwasser Berlin e.V., Mehringdamm 50, **10961 Berlin**,
  Tel. 030/7865017
- Schattenriss, Beratungsstelle gegen sexuellen Missbrauch an
  Mädchen e.V., Watjenstr. 140, **28237 Bremen**, Tel. 0421/617188
- Wildwasser Gießen e.V., Liebigstr. 13, **35390 Gießen**,
  Tel. 0641/76545
- Violetta, Beratungsstelle gegen sexuellen Mißbrauch an Mädchen,
  Seelhorststr. 11, **30175 Hannover**, Tel. 0511/855554
- I.M.M.A., Beratungsstelle für Mädchen und Frauen, An der Haupt-
  feuerwache 4, **80331 München**, Tel. 089/260731
- Mädchenprojekt Rostock Selma, Ernst-Haeckel-Str. 1,
  18059 Rostock, Tel. 0381/4000412
- Nele, Beratung gegen sexuelle Ausbeutung von Mädchen, Kronen-
  str. 1, **66111 Saarbrücken**, Tel. 06151/25571

Beratungsstellen nur für Jungen und Männer

- MANNEGE, Information und Beratung für Männer, Tucholskystr. 11,
  10117 Berlin, Tel. 030/28389861
- Widerspruch Kiel, Königsweg 9, **24103 Kiel**, Tel. 0431/674943

Register

PARTNERSCHAFT/SEX

11020

10005

10750

10092

Mosaik

SCHÖNHEIT/
GESUNDHEIT/ERNÄHRUNG

11156

10753

10752

10765

Mosaik